KB264877

꿈을 성취하는 비결,

Nine Lever 를 ________________님께 드립니다

________________드림

Nine Lever

나인 레버

하는 일마다 잘 되는 사람의 이유를 아는가?

Nine Lever

나인 레버

조영근 지음

모아북스
MOABOOKS

나는 왜 이 책을 썼는가?

서점에는 성공과 생활자세, 자기 계발, 동기부여 등에 관한 책들이 가득하다. 그 책에는 옳은 말뿐이요 주옥같은 내용이 가득하다.

그 책을 읽고, 성공한다는 방법을 따라 해 보았는가? 공부 잘하는 방법도 시도해 보았는가? 건강해진다는 비법도 실천해 보았는가?

마음먹은 대로만 된다면, 머리 좋고 욕심 많은 사람이 성공할 것이다. 하지만 구호 같은 획일화된 말은 정답이 아니다. 그런 답은 누구나 쓸 수 있지만 아무에게도 쓸모가 없는 그런 것이다.

반면 자신에게 꼭 맞는 답을 찾으면 평범한 사람도 성공한 삶을 살 수 있다. 그렇다면 자신에게 맞는 답은 어떻게 찾아야 할까? 그 첫걸음은 자신에게 맞는 목표와 과제를 설정하는 데서부터 시작한다. 문제를 잘못 이해하면 답도 엉뚱하게 나오듯, 목표와 과제가 자신에게 맞지 않으면 결코 성공할 수 없다.

성공한 사람은 훌륭한 사람인가? 나도 그 사람처럼 하면 성공할 수 있을까?

천만의 말씀이다. 그들의 성공요인은 우리가 알고 있는 그런 것들이 아니다.

그들만의 노하우는 따로 있다. 그만의 비밀도 따로 있다. 자기가 어떻게 치열하게 살아왔는지, 때로는 얼마나 비굴하게 성취했는지 낱낱이 밝힐 수 없다. 성공은 알고 보면 간단하고 쉬운 것이다.

그들이 그토록 감추고 싶어 하는 성공의 비결은 과연 무엇일까? 고민의 종결자가 돼보자.

나는 기업체, 정부 단체 등 다양한 분야에서 컨설팅을 해 왔고, 약 15년 간 성공한 최고경영자 및 임원 간부들과 함께하며 현장에서 강의를 했다. 그리고 그들이 살아가는 모습도 쭉 지켜봤다.

사회적으로 성공, 출세했다는 사람들과 함께 어울리면서 그들을 관찰하고 겪어 볼 기회도 많았다. 비교적 다양한 경험과 폭넓은 인간관계를 맺어 왔다.

이 책의 모든 내용은 내가 직접 경험하고 사색한 것을 기초로, 수많은 사람들이 살아가는 지혜와 그들이 갖고 있는 지렛대(Lever)의 원리인 '영향력'의 핵심을 적었다.

너무 상투적인 내용이 되지 않도록 노력했으며 내 자식과 후배들에게 한 줄이라도 도움이 되었으면 좋겠다는 마음으로 썼다.

이제 에너지 충전을 위한 나인 레버(Nine Lever)을 구축해 보자.

가장 먼저 갖추어야 할 덕목은 태도력이다.

같은 상황임에도 불구하고 그것을 극복하는 사람이 있는 반면 넘어지거나 물러서는 사람이 있다. 같은 환경에서도 만족하는 사람이 있고 불평만하는 사람이 있다. 한 직장에서 같은 일을 하는 사람도 일에 대한 태도가 매우 다르다. 사실 '그 사람이 어떤 일을 하느냐' 보다 '어떤 태도로 일하느냐' 가 그 사람의 미래를 결정한다.

좋은 학력으로 성공하여 행복한 사람도 있고, 학력은 좋지만 실패하여 불행한 사람도 있다. 좋은 스펙으로 성공한 사람도 있고, 좋은 스펙으로 실패한 사람도 있다. 마찬가지로 낮은 학력으로도 성공하여 행복을 누리는 사람이 얼마든지 있으며, 부족한 스펙으로도 성공한 사람이 많이 있다. 문제는 태도이다.

적극적이고 긍정적인 태도가 성취의 핵심이다. 태도의 놀라운 힘을 인식하는 것이 중요하다. 학력보다, 경력보다 태도의 경장력인 태도력을 키워라.

2005년 미국심리학회에는 행복의 요건은 삶에 대한 긍정적인 자세라고 발표했다. 삶에 대한 긍정적인 자세(태도)가 행복의 가장 중요한 요건이며, 행복하면 일의 생산성이 올라가고, 더욱 건강해지고, 돈도 더 많이 벌게 된다는 것이다. 일을 잘하고, 건강하고, 돈을 많이 벌어야 행복한 것이 아니라 먼저 행복해야 원하는 것을 얻을 수 있다고 했다.

두 번째는 창의력이다.

최근 들어 인문학이 새롭게 부상하고 있다. 애플신화를 만든 스티브 잡스는 "소크라테스와 점심을 함께할 수 있다면 애플이 가진 모든 기술을 내놓겠다"고 한 적이 있다. 사실 잡스의 상상력은 IT기술과 인문학의 결합에 기초한 것으로 알려져 있다.

인문학은 문학, 역사, 철학 등 인간에 대한 탐구를 통칭한 것으로 사람에 대한 이해와 통찰력을 제공한다. 수천 년 인류 역사를 통해 살아남은 인문고전은 지혜의 보물창고로 상상력과 무한한 창의력을 샘솟게 하는 근원이라고 한다.

세상은 창의력을 필요로 하고 있다. 경제도 산업경제 시대와 지식경제 시대를 지나 창의경제 시대로 넘어가고 있다. 2009년 즉석 카메라 업체 '폴라로이드 사'는 유명 팝가수 레이디 가가를 크리에이티브 담당 이사로 고용했다. 2011년 '인텔'은 미국의 인기 힙합 그룹의 리더이자 유명 음반 제작자인 가수 윌 아이 엠을 창조적 혁신 담당 임원으로 촉탁, 수년간 계약했다. 기업이 연예인과 광고계약이 아닌 고용계약을 한 것이다. 새로운 것을 창조해 내기 위한 창의적 아이디어를 얻기 위해서다. 삼성은 최근 '인재교육'의 새로운 방향으로 창의, 소통, 열정을 제시했다.

할리우드도 변화하고 있다. 최고의 출연료를 담보한 유명 배우의

캐스팅으로 상징되는 자본 중심의 제작에서, 창의성과 기술 중심으로 영화제작의 패러다임이 바뀌고 있는 것이다. 최근 성공한 영화 '아바타'에는 유명한 배우가 한 명도 없다. '아바타'의 성공으로 부상한 사람은 제임스 카메론 감독뿐이다. 제임스 카메론의 상상력이 성공을 창조해 낸 것이다.

기업과 비즈니스에서 창의력 있는 인재를 필요로 하기 시작했다. 공공부문이나 사회단체도 조직의 가치를 실현하고 목표를 달성하기 위해 점점 더 창조적 아이디어를 필요로 하게 될 것이다.

세 번째는 절제력이다.

절제는 통제다. 통제하지 않으면 관리 되지 않고, 관리되지 않으면 그 어떤 것이든 유지될 수 없다. 적응하고, 존속하고, 성장하기 위해서 적절한 관리가 필요하며 관리의 핵심은 자기통제다. 스스로 통제하지 못하면 타인의 통제를 받게 된다. 돈 관리를 제대로 못하면 은행의 통제를 받게 되고, 나아가서 국가의 통제까지 받게 될 수 있다. 몸 관리를 제대로 못하면 의사의 통제를 받게 된다. 관리의 핵심은 절제다. 절제의 힘은 상상을 초월한다. 절제력은 나쁜 습관을 버리고 좋은 습관을 만들어 준다.

좋은 습관은 성공과 행복의 원천이 된다. 좋은 습관은 당신을 당신 인생의 주인으로 만들어 준다.

주인은 스스로를 통제한다. 노예는 타인의 통제를 받는다. 우리는 스스로를 통제를 할 것인지, 타인의 통제를 받을 것인지를 선택해야 한다. 지금 선택의 기로에 서 있다면 자문해 보라.

과연 나는 주인의 길을 가고 있는가?

네 번째는 소통력이다.

당신은 다른 사람과 통하는 사람인가? 세상과 통하는 사람인가? 자연과, 신과 통하는 사람인가? 통하면 흥하고 불통하면 망한다.

특히 행복과 성공에 결정적 영향을 미치는 사람들과 제대로 소통할 수 있어야 한다. 사람과 사람은 '말'을 통해 소통한다. 당신은 말에 대해서 진지하게 생각해 본 적이 있는가? 말이 가진 놀라운 영향력을 인식하고 있는가? 인식하고 있다면 말에 대해 공부하고 말을 연습하고 있는가?

말은 누구나 할 수 있다. 그러나 그 말로 가치를 만들어 내는 사람이 있고, 그 말로 가치를 파괴하는 사람이 있다는 것은 늘 잊고 산다. 말은 제대로 배워 제대로 써야 한다. 말은 가장 강력한 소통의 도구이다. 누구나 가진 이 도구를 항상 갈고 닦아 소통의 힘을 키워야 한다.

최근 중앙일보와 인크루트가 1~3년차 신입사원들을 조사한 결과 무려 98.6%가 이직을 생각해본 적이 있다고 응답했는데, 이들의 가장 큰 불만은 의사소통이 안 된다는 것이었다. 부부 간의 불화도 부모와 자식 간의 마찰도, 노사의 갈등과 거의 모든 사회적인 갈등도 역시 소통의 부족 때문임을 알아야 한다.

다섯 번째는 도전력이다.

인류의 역사는 도전의 역사다. 성공한 기업이나 사람들의 역사도 사실 도전으로 가득 채워져 있다.

특히 산업사회의 틀에서 벗어나고 있는 21세기 창의사회에서는 도전 없이는 기회를 잡을 수가 없다.

'도전'을 거창하게 생각하기 때문에 어렵다고 느낀다. 그러나 도전은 당신이 할 수 있는 가장 쉬운 일부터 하나씩 시작하는 것이다. 생활 속의 사소한 일부터 어제와 다르게, 남과 다르게 한다는 편안한 마음으로 시작해 보라. 도전을 위한 의욕은 작고 사소한 일부터 연습을 통해 몸에 익혀지는 것이다.

의욕을 가져야 도전력이 키워진다. 의욕은 마음먹기에 달려 있다. 마음을 먹어라. 작심삼일이라고 했지만 생각을 바꿔 보면 작심삼일은 놀라운 마음의 작용이다. 한 번 마음먹은 일을 3일 동안이나 유지할 수 있다면 대단한 마음 작용이 아닌가? 몸을 지탱하기 위해 하루 세 번 식사를 하듯이 하루 세 번, 아니 하루 한 번씩이라도 좋은 마음을 먹는다면 우리의 마음 상태는 늘 의욕으로 넘쳐날 것이다. 항상 마음을 의욕으로 넘치게 충전해서 도전력을 키우는 것이 중요하다.

여섯 번째는 회복력이다.

위험과 기회가 공존하는 시대에는 불확실성이 대세이다. 불확실한 상황에서는 성공과 실패가 늘 교차하게 된다. 따라서 성공에 안주해서도 안 되지만 실패에 포기해서도 안 된다. 실패를 딛고 일어설 수 있는 능력이 아주 중요하다.

조직은 실패에서 일어서는 복원력이, 개인은 실패와 고난에서 다시 시작할 수 있는 역경지수가 높아야 한다.

심리학에서는 극한의 자극으로 어려움을 겪은 사람들이 고통과 슬픔에서 벗어나 정상 상태로 되돌아오는 것을 '회복력'이라고 하는데, 이 능력은 인간의 본질적 능력이라고 한다.

따라서 인간의 본질적인 능력인 회복력을 키우면, 정신적·육체적 어려움과 경제적·사회적 어려움 등 온갖 역경으로부터 탈출하여 행복한 성공을 이루는 데 엄청난 도움이 된다고 한다.

당신이 어떤 상태에 있든 원하는 상태로 회복될 수 있다. 회복력은 당신이 가지고 있는 본질이기 때문이다.

일곱 번째는 학습력이다.

배우고 익히면 그 어떤 것도 이룰 수 있다.

지금 당신이 누리고 있는 안정은 과거에 배우고 익힌 대가이다. 지금 배우고 익히기를 게을리 하지 않으면 당신의 미래는 확실하다. 배우고 익힐 수 있는 힘이 당신의 가장 큰 자원이다. 배우고 익히는 학습력에 따라 미래의 경쟁력이 만들어진다.

우리가 만나는 성공한 사람의 대부분은 학습력이 뛰어난 사람들이다. 행복도 학습에 의해 강화된다고 한다. 당신 인생에 가장 큰 영향을 미치는 요인 중 하나가 학습력이다.

여덟 번째는 실행력이다.

〈생각의 속도로 실행하라〉라는 책에서 제프리 페퍼는 '앞으로 기업 간의 지식격차는 중요한 변수가 아니며, 지행격차를 줄이는 것이 관건'이라고 주장했다.

물론 창의적 아이디어를 만들어 낼 수 있는 지식도 중요하다. 그러나 창의적 아이디어를 실행에 옮기지 않으면 아무런 의미가 없다. 생각했던 것을 행동으로 옮기지 않았던 적이 얼마나 많은가? 생각하는 사람보다 행동하는 사람에게 경쟁력이 있다. 행동으로 옮길 수 있는 힘, 실행력을 키워라.

마지막으로 친화력이다.

친화력은 내 편을 만드는 최고의 힘이다. 고객과 친하면 고객을 내 편으로 만들고, 동료와 친하면 동료를 내 편으로 만들 수 있다. 당신은 사람들을 내 편으로 만드는 데 능숙한가? 아니면 적으로 만드는 데 능숙한가? 내 편으로 만드는 힘이 관계력이다. 그리고 관계의 힘을 키워 주는 것이 친화력이다.

자연과 친하면 자연친화력이 생기고 실패와 친하면 실패친화력이 생긴다. 비판과 친하면 비판친화력이, 거절과 친하면 거절친화력이 생긴다. 친화력은 자연과 실패와 비판과 거절까지도 당신의 행복한 성공에 밑거름이 된다.

이 책에서 제시한 9가지의 영향력을 키워서 당신의 미래 경쟁력을 만들고 가정과 비즈니스현장에서 행복한 성공을 이루기를 진심으로 기대해 본다.

조 영 근

차 례

③ 절제력(세 번째 영향력) + 91

나 만의 회복탄력성지수(RQ) 테스트 하기 + 92

01

태도의 경쟁력
첫 번째 영향력

나 만의 경쟁력 **체크하기**

자신에게 해당되는 항목에 체크를 하시오

01 관심 있는 분야의 최신 정보를 알기 위해 신문과 잡지를 지속적으로
읽는다. □ YES □ NO

02 관심 분야에서 일하기 위해 적절한 교육을 받았고, 그 분야에서 일한
경험이 있다. □ YES □ NO

03 관심 분야에 대한 지식과 전문성을 얻기 위해 세미나와 워크숍에 참석한다.
□ YES □ NO

04 전문가 단체나 그룹에 참여해서 함께 연구나 토론하기도 한다.
□ YES □ NO

05 지난 5년 사이에 승진했거나 맡은 일의 책임 수준이 높아졌다.
□ YES □ NO

06 자신의 능력과 기술, 장점과 단점에 대해 알고 있다. □ YES □ NO

07 자신의 직업과 때와 장소에 맞는 패션을 연출할 수 있다. □ YES □ NO

08 어떤 일에 지원할 때 다른 사람과 차별화되는 자신만의 강점이 무엇인지
알고 그것을 활용하는 편이다. □ YES □ NO

09 다음 단계에 하고 싶은 일을 정확히 알고 있으며 그것을 위해 계속
준비하고 있다. □ YES □ NO

10 특정 기업과 산업에 대해 연구할 만한 능력이 있다. □ YES □ NO

11 모임이나 행사에 참가하면 자신이 먼저 다른 사람에게 다가가 명함을
내밀며 자기 소개를 한다. □ YES □ NO

12 모임이나 행사에 참가하면 많은 사람들과 쉽게 친해지고, 한번 알게 된

사람과는 지속적인 만남을 유지하고 있다. ☐ YES   ☐ NO

13 과거에 일했던 직장 사람들과 계속 만나고 있다. ☐ YES   ☐ NO

14 자신만의 장점과 강점을 남들에게 쉽게 설명할 수 있다. ☐ YES   ☐ NO

15 자신이 일하는 업계에서 스카우트 제의가 들어오면 언제든지 자신에 대한

소개서를 줄 수 있다. ☐ YES   ☐ NO

16 잠재적 고용주를 만나게 되면 적극적으로 자신의 장점과 강점을 어필하기

위해 노력한다. ☐ YES   ☐ NO

17 면접 때 자신이 회사를 위해 할 수 있는 일에 대해 자신 있게 설명할 수

있다. ☐ YES   ☐ NO

18 남들과 차별화된 자신만의 소개서와 이력서를 가지고 있다.

☐ YES   ☐ NO

19 소개서와 이력서에 과거 직장에서 자신이 기여한 바를 정확히 기재할 수

있다. ☐ YES   ☐ NO

20 소개서와 이력서에 오자가 나오지 않도록 교정을 보며, 용지와 디자인도

최고로 꾸민다. ☐ YES   ☐ NO

[체크 결과 보기]

‘Yes’의 개수가 아래와 같다면

18~20개 : 당신은 현대 사회에 맞는 탁월한 경쟁력을 가지고 있다. 단, 경쟁력이 곧 승리를 보장하는 것이 아님을 잊지 말아야 한다.

능력의 경쟁력뿐만 아니라 인격과 태도에서도 경쟁력이 필요하다.

16~17개 : 2%로 부족하다. 그 2%로가 무엇인지 당신은 알 것이다. 그것을 개선하기 위한 노력이 조금 더 필요하다.

13~15개 : 당신에겐 충분한 경쟁력이 있다. 다만 자신이 가진 경쟁력에 대한 자신감과 그것을 향상시키기 위한 노력이 부족하다. 지금보다 더 적극적인 자세와 준비가 필요하다.

13개 미만 : 먼저 자신의 장점과 강점부터 파악해야 한다. 자신에 대한 주위 사람들의 평가를 참고로 강점과 장점을 발전시키기 위한 노력이 절실하다.

21세기는 불확실성의 시대다

요즘 주위를 둘러보면 힘들지 않는 사람이 없을 정도다. 사람뿐만 아니다. 기업도 힘들고 국가도 힘들고, 온 세상이 온통 힘들고 불안한 것 천지다.

2008년에 터진 미국 발 경제위기 때문에 전 세계 경제가 어려워졌고 그 여파로 거의 모든 사람들의 삶이 어려워졌다.

어떤 사람은 '자본주의의 위기'라고까지 진단하고 있다. 그러나 시간이 지나면서 경제지표 상으로는 세계 경제 위기가 어느 정도 극복되어 가고 있는 것처럼 보인다. 하지만 사람들도 중소기업도 회복의 기미를 전혀 못 느끼고 있다.

사실 21세기 들어와서 좋았던 시절보다 어려웠던 시절이 훨씬 많다. 우리나라 대기업들은 글로벌 기업으로 성장하여 국가 전체적으로는 엄청난 성장을 이루었는데, 왜 개인은 과거보다 더 불확실해지고 어려워지고 있는 것일까? 대체 무엇이 문제인가?

문제의 핵심은 세상이 과거와는 전혀 다르게 변화하는 데 있다. 20세기의 생존과 성장의 패러다임으로는 21세기를 견딜 수 없을 정도로 세상이 변화하고 있는 것이다.

변화의 핵심은 속도와 불확실성이다. 인류 역사에서 변화가 없던 시절은 없었다. 세상은 항상 변해 왔다. 그러나 과거에는 변화의 속도가 너무 느려서 한 사람이 일생을 사는 동안 거의 느끼지 못할 정도였다.

너무 느려서 사람들은 변화가 없다고 인식했고 '변하면 죽는다'

는 패러다임에 빠져 있었다. 변화가 없다고 생각하는 세상에서는 안정이 가장 중요했다. 20세기는 안정을 추구하는 시대였던 셈이다. 그리고 그때는 그것이 가능했다.

그러나 21세기 들어서서 어느 순간 '안정'이라는 패러다임의 유효기간이 끝나 버렸다. 시간이 흐를수록 변화의 속도가 과거와는 비교도 되지 않을 정도로 빨라지고 앞을 내다보기 힘든 불확실성이 커졌다.

변화의 속도가 빠른 세상에서는 모든 것의 유효 기간도 짧아지고 있다. 직장의 유효 기간이 짧아지고, 기술이나 상품의 사이클이 짧아지고, 그동안 당신이 갖춰 놓은 지식이나 기술의 유효 기간이 짧아지고 있는 것이다.

어떤 태도로 세상을 바라볼 것인가?

농업 시대에는 6개월만 배우면 평생 동안 다른 것을 안 배워도 일하는 데 큰 문제가 없었다. 농업 기술의 발전 속도가 더디기도 했지만 대부분 전통 방식에 의존했기 때문에 개인이 따로 연구하고 노력할 필요가 별로 없었다.

우리가 거쳐 온 산업화 시대에는 초등학교부터 대학까지 16년만 배우면 원하는 일을 할 수 있었다. 16년 동안 공부하면 직장을 갖게 되고 '인생 보장'이 가능했다. 20년 정도 공부해서 학위를 얻는다든지 고시에 합격하면 출세가 보장되었다. 대학이나 대학원을 졸업하고 직장에 들어가거나, 고시에 합격하거나, 자격증을 취득하면 특별한 계획 없이도 인생을 순항할 수 있었다. 대학 졸업장과 자격증만으로 충분한 경쟁력이 있었기 때문이다. 그러나 이제 그런 세상은 사라졌다.

일류대학을 졸업하거나 학위를 얻고도 직장을 갖기 어려워졌다. 요즘 20대를 보고 우리 역사상 최고의 스펙을 가진 세대라고 한다. 대학 졸업은 기본에다가 자격증이 몇 개씩이나 있고 예전 세대는 꿈도 못 꿔 본 어학 연수에다 유학까지 다녀와도 변변한 직장을 못 구하고 있는 것이 현실이다. 개개인의 학벌과 능력은 역사상 최고지만 그들을 채용해 줄 일자리가 부족하다. 그렇다고 직장을 가졌다고 해서 안심할 수도 없다. 과거처럼 정년이 보장되지 않는다. 모든 분야가 경쟁체제로 전환되면서 하루하루가 파리 목숨과 같은 신세다. 자격증의 독점 혜택이 사라진지 오래다.

우리가 안정된 것이라고 생각하는 바로 그것들은 이제 모두 과거의 것들이 되어 버렸다. 더 이상 과거에 집착해서 거기에 집중하면 위험해진다. 21세기가 요구하는 것에 맞출 수밖에 없다. 그러기 위해서 확실하게 생각과 행동을 바꿔야 한다. 세상에 대한 태도가 달라져야 한다는 뜻이다.

과거에는 자신의 경쟁력을 높이기 위해 대학 졸업장과 각종 자격증을 땄다. 그러나 졸업장과 자격증의 가치가 떨어지고 유효 기간이 엄청나게 짧아진 이 시대에는 그것이 더 이상 경쟁무기가 될 수 없다. 앞으로는 과거의 것을 바탕으로 그것을 어떤 생각과 태도로 활용할 것인가에 따라 승패가 달라질 것이다.

기술 자격증을 따서 적당한 직장에 취직하면 먹고 살 수 있다는 안일한 태도에서 벗어나 그 자격증을 바탕으로 새로운 것을 모색해야 한다. 계속 새로운 기술과 지식을 공부하고, 훈련하고, 창조하기 위한 적극적인 태도가 있어야만 직장 내에서 생존과 성공을 보장받을 수 있다. 잘 팔리기만 하면 안 좋은 물건이라도 마구잡이로 장사하던 시대도 끝났다. 이제는 좋은 물건을 적절한 가격에 파는 정직한 상인만이 돈을 벌 수 있다. 물건과 소비에 대한 소비자들의 태도가 달라졌기 때문이다. 그렇다면 공급자와 판매자 역시 물건에 대한 태도가 달라져야 한다.

기술이나 지식, 물건의 가치가 변화한 만큼 이를 대하는 사람들의 태도가 달라져야 한다. 이에 대비해 우리 또한 어떤 태도를 가지고, 어떤 노력을 해야 할지를 구체적으로 알아야 한다.

안정보다는 차별성에 주목하라

지금의 40, 50대가 직업을 선택할 때 가장 중요하게 여겼던 것은 '안정성'이었다. 적성이나 특기에 맞는 직업을 가진 사람은 극소수였고, 대부분 그런 것보다는 월급 꼬박꼬박 나올 수 있는 안정적인 직업과 직장을 택했다. 40, 50대가 직장을 구할 때엔 한창 경제가 성장하던 시기여서 웬만한 직장은 무난히 들어갈 수 있었다. 지금의 20대들처럼 특별한 노력을 기울이지 않아도 일자리를 구할 수 있었다. 하지만 이제 그런 안정적인 직장은 사라져 버렸다.

어느 사회나 경제가 일정 수준에 도달하면 모든 것이 포화 상태에 이르게 된다. 특히 우리 나라처럼 2차 세계대전 이후 전 세계의 경제성장에 맞춰 동반 성장하면서 급속도로 발전한 경우엔 포화 상태가 심화될 수 있다. 현재 수많은 20대 청년들이 그 좋은 스펙을 가지고도 공무원 시험에 매달리고 있다. 그저 월급이 꼬박꼬박 나오고 정년이 보장되는 안정된 직장이라는 이유만으로 그 좁은 문을 통과하려고 애쓰고 있다. 공무원 사회도 이미 포화 상태기 때문에 신규 채용이 과거에 비해 매우 적어졌다. 그런데도 과거의 것에 매달려서 엉뚱한 곳에 힘을 쏟고 있는 것이다.

그럼 이제 우리는 어떤 기준으로 직업과 직장을 선택해야 할까?

모든 사람은 최소한 한 가지 이상의 재능을 가지고 있다. 잠재 능력을 계발한다면 더욱 많은 능력을 발견해낼 수도 있다. 그리고 대부분은 자신의 재능을 발휘할 수 있는 분야를 좋아한다. 자신이 좋아하는 분야에 집중해서 재능을 갈고 닦아야만 경쟁력을 가질 수 있다. 다른 사람이 좋다고 하는 것, 안정적으로 보이는 것은 자신의 경쟁력이 될 수 없다.

오직 내가 좋아하고 잘하는 것만이 나의 경쟁력이 될 수 있다. 그것만이 내가 이 험난한 시대에 살아남을 수 있는 유일한 방법이다. 남과 같은 게 아니라 남과 다른 것, 내가 좋아하는 나만의 것을 경쟁 무기로 삼아야 한다.

과거엔 소수의 사람들이 선택했던 그 방식이 21세기의 생존 방식이 된 것이다. 좋아하는 것은 취미로 두고 직업과 직장은 월급을 기준으로 선택했던 것과는 달리, 지금은 월급과 안정 대신 자신이 좋아하는 것을 직업과 직장으로 선택해야 한다. 지금 20대에게 꼭 해주고 싶은 말이 이것이다. 요리를 좋아하면 일류 요리사를 목표로 노력하라. 운동을 좋아하면 일류 트레이너가 되기 위해 노력하고, 꾸미는 것을 좋아하면 최고의 스타일리스트가 될 꿈을 가져라. 남들이 인정하는 것보다는 자신이 좋아하는 것, 자신이 잘하는 것에 모든 것을 집중하라.

우리 속담에 '모난 돌이 정 맞는다' 는 말이 있다. 남들 하는 만큼, 남들 하는 대로 대충 두루뭉술한 태도로 살면 무난한 인생을 보낼 수 있다는 뜻이다. 하지만 이 시대에 그런 태도는 무난한 게 아니라 위험한 무사안일주의다. 자신은 안정이라고 여기지만, 실상은 퇴보만 거듭하는 것이다.

그렇다고 해서 무조건 남들과 다르게 하라는 뜻이 아니다. 남들과 다른 나만의 것으로 확실하게 차별성을 둬야 한다는 의미다. 그러기 위해선 남들과 세상의 잣대보다는 자신의 강점과 장점을 최대한 살리는 쪽을 선택해야 한다. 내가 좋아하는 것에서 최고의 프로가 되는 것, 이것이 21세기에서 생존을 위한 유일한 방법이다.

새로운 설계도가 필요하다

많은 사람들이 자신의 인생에 대해 얘기하지만 사실 제대로 인생을 설계하고 그 설계도에 따라 사는 사람은 별로 없는 것 같다. 설사 인생 설계를 했다고 하더라도 기껏해야 안정된 직장에서 정년퇴직까지 버티는 것, 저축이나 부동산, 보험으로 경제적 준비를 하는 정도가 대부분이다. 물론 이 정도의 계획조차 없는 사람이 부지기수다. 왜냐하면 지난 세기 동안에는 제대로 된 인생 설계도 같은 게 없이 사회 관습이나 직장 질서만 잘 따라도 어느 정도는 인생이 보장되었기 때문이다.

가족 제도가 개인의 생활 위험과 사망 위험, 그리고 노후를 어느 정도 보장했고, 직장은 정년까지의 고용안정을 보장했다. 그러나 전통적인 가족 제도가 붕괴되고 정년의 파괴로 고용 보장이 어렵게 되었다. 가족과 직장이 내 인생을 보장해줄 수 없다는 것, 이것이 우리의 현실이다.

게다가 과거에 비해 중년기와 노년기가 혁명적으로 길어져 버렸다. 미국 국가안보위원회의 발표에 의하면 21세기에는 55세에서 75세가 '신중년'이 될 것이라고 예측했다. 미국 국제장수센터 설립자인 로버트 버틀러는 앞으로 중년이 85세까지 늘어날 수 있다고 주장한다. 어떤 자료에 따르면 우리 인간의 평균 수명이 두 배가 되는 기간이 수만 년에서 1900년으로, 다시 100년으로 그리고 앞으로는 더 짧아질 것이라고 한다.

〈인간의 평균 수명이 2배가 되는 기간〉

- 석기시대 : 10세

- 서기 원년 : 20세

- 서기 1900년 : 40세

- 서기 2000년 : 약 80세

영국의 이언 피어슨이 이끄는 브리티시 커뮤니케이션의 연구팀이 각국의 전문가들과 최근 연구 성과를 종합해서 만든 『미래 시간표』에 보면 2020년 인간의 평균수명은 100세에 이르고, 다음 세대는 궁극적으로 140까지 살 수 있게 될 것으로 전망하고 있다. 인류의 가장 큰 소망인 장수의 시대가 도래하고 있는 것이다.

그래서 사회학자들은 21세기에는 60세에 사회생활을 다시 시작하는 사람들이 기하급수적으로 늘어날 것으로 예측하고 있다. 불과 20년 전까지만 해도 60이 되면 정년퇴직과 함께 환갑잔치를 벌이며 노년의 생활을 즐길 수 있었다. 먹고살기 위해 하기 싫은 일 억지로 하지 않아도 저축해 둔 돈과 자식들한테 용돈을 받으며 그럭저럭 생활해 나갈 수 있었다. 손자들 재롱이나 보고 여행이나 다니면서 젊은 시절의 고단한 생활에서 벗어나 느긋하게 인생의 말년을 보낼 수 있었다.

그러나 의학의 발달로 평균 수명이 30년이나 늘어나 버렸다. 인생이 너무 길어져 버렸고, 이 길어져 버린 인생에 대비하기 위해서 철저한 준비가 필요하다. 단순한 노후 대책으로는 부족하다. 너무 길어진 평균 수명에 대비해서 인생 설계를 다시 해야 한다.

현대인에게 장수는 축복일까, 재앙일까? 준비된 장수는 축복이다. 그러나 준비되지 않는 장수는 재앙이 될 것이다. 가정이나 직장 또는 국가의 보장 시스템이 무너지고 인생의 길이가 획기적으로 늘어난 상황에서 막연히 '어떻게 되겠지' 라는 생각으로 설계도 없이 어떻게 안전하게 살 수 있겠는가? 60세 이후에 보내야 할 30년이란 세월은 지나온 30년 세월과는 차원이 다르다.

늙어 버린 몸과 노화로 인한 질병들, 살아오면서 굳어 버린 고정 관념과 나쁜 습관 때문에 앞으로 남은 긴 세월을 가난과 고독으로 보낼 수도 있다. 단층집은 설계도 없이 되는대로 짓거나 설계도가 부실해도 큰 문제가 없을 수 있다. 그러나 30층 빌딩을 짓는데 설계 도가 없다면 가능하겠는가?

21세기를 사는 당신은 설계도에 따라 인생을 재건축해야 한다. 당 신의 인생을 새롭게 설계해서 축복의 주인공이 되어야 한다. 아직 긴 인생을 축복으로 만들 시간은 충분하다. 앞으로 우리에게 닥칠 환경을 다른 시각과 태도로 바라보면 긍정적인 면을 찾을 수 있다.

2007년, 미국의 전설적인 앵커맨 월터 크롱카이트는 55세 이상 은퇴자들을 대상으로 주택이나 건강 정보 등을 제공하는 〈은퇴생 활 TV〉란 케이블 방송 프로그램을 통해 화려하게 복귀했다. 그의 나이 91세 때의 일이다! 그리고 1981년에 20년가량 진행한 CBS의 〈 이브닝 뉴스〉를 떠날 때 월터 크롱카이트의 나이는 65세였다. 은퇴 할 때 그는 "늙은 앵커맨은 사라지지 않는다"는 말을 남겼다. 그의 말대로 26년이 지나 90세를 넘긴 나이에 그는 사라지지 않고 새로 운 기회를 얻은 것이다. 가능성을 믿고, 준비하고, 계획하면서 길어 진 인생을 축복의 기회로 바꾼 것이다.

그가 젊은 시절처럼 방송하기는 힘들었을 것이다. 방송 환경도 달라졌고, 무엇보다 그의 청력이나 시력, 체력이 예전만 못하기 때 문이다. 그러나 그가 진행한 프로그램의 시청자들이 함께 나이 들어가는 세대들이기 때문에 공감을 얻을 수 있었다. 나이가 들어도 나이 든 사람들이 많아진 세상에는 또 다른 새로운 기회들이 기다리고 있었던 것이다.

21세기의 '인생 경영 방정식'

21세기를 성공적으로 살아가려면 확실하고 목표가 뚜렷한 인생 설계도를 가져야 한다. 자신이 좋아하는 것을 경쟁 무기로 삼아서 무엇을 목표로, 어떻게 인생을 살아갈지에 대한 구체적인 설계가 있어야 한다.

대학을 졸업해서 직장을 잡고 좋은 사람 만나서 결혼한다는 식의 엉성한 설계로는 어림없다. 그런 설계도는 폭풍우 치는 바다 한가운데를 노를 저어 지나가겠다는 것과 다름없다. 미풍이 부는 20세기의 순탄한 바다에서나 통하던 과거의 안일한 습관으로는 부족하다.

정확한 설계도를 그리고, 그 설계에 따라 인생을 살아가려면 중요한 몇 가지 요소가 있어야 한다. 이런 필수 요소들이 부족하면 계획과 다른 인생을 살거나, 어떻게 계획대로 가더라도 원하는 성공을 이룰 수 없다. 그렇다면 우리의 인생을 설계하고 살아가는 데 중요한 요소들의 실례를 통해 알아보자.

그는 어렸을 때 몸이 약한 아이였다. 결핵에 걸려 오랫동안 병원 생활을 하느라 제대로 공부를 하지 못했다. 그래서 중학교 입시에 두 번이나 떨어졌고 대학 입시에도 실패한 적이 있었다. 나중에 회

사를 창립했지만 상당 기간 동안은 대차대조표도 이해할 수 없었을
정도로 그는 경제나 경영에 대해 무지했다. 도저히 기업가로선 성
공하기 힘들 것처럼 보였지만 그는 포기하지 않고 끝까지 노력해서
마침내 세계적인 기업으로 발전시켰다. 그는 바로 일본 벤처기업의
원조인 교세라 그룹의 창업주 이나모리 가즈오다.

이나모리 회장은 직원들 앞에서 연설할 때마다 자신이 만든 인생
방정식에 대해 설명했다.

'인생의 결과= 사고방식 × 열의 × 능력'

이것이 그가 만든 인생 방정식이다. 인생의 결과는 사고방식과
열의와 능력의 곱셈이다. 그래서 어느 하나가 제로가 되거나 마이
너스일 경우 인생은 0 또는 마이너스 인생, 즉 실패하게 된다. 여기
서 주목해야 할 것은 인생의 결과를 결정짓는 3가지 요소가 더하기
가 아니라 곱하기라는 점이다.

더하기라면 어느 하나가 잘못 되어도 나머지 요소가 충분하면 성
공할 수 있다. 사고방식이 마이너스여도 능력과 열의가 충분하면
성공할 수 있다는 일이다. 그러나 곱셈이기 때문에 능력과 열의가
넘쳐나도 사고방식이 잘못되어 있으면 능력과 열의가 큰 만큼 인생
은 오히려 더 크게 실패할 수 있다는 의미이다.

사고방식(첫 번째 요소)

사고방식의 차이는 모든 것의 차이를 만드는 출발점이다. 사고방식의 차이가 곧 생각하는 방식의 차이기 때문이다.

20세기의 위대한 철학자이자 심리학자인 윌리엄 제임스는 "생각이 바뀌면 이 세상이 바뀐다는 것, 그것이 금세기 인류 최대의 발견이다"라고 말했다.

사무엘 스마일즈는 "생각의 씨앗을 뿌리면 행동의 열매가 맺고, 행동의 씨앗을 뿌리면 습관의 열매를 얻고, 습관의 씨앗이 성품을 만들고, 성품이 우리의 운명을 결정한다"고 말했다.

결국 생각이 개인의 운명을 결정하고, 나아가서 조직의 미래를 결정하는 가장 강력한 힘이라는 것이다. 당신이 어떤 방식으로 생각하느냐에 따라 당신 자신이 달라지고, 조직이 어떤 방식으로 생각하느냐에 따라 조직의 문화가 바뀐다는 것이다.

그렇다면 생각은 무엇인가? 생각은 어떤 사물이나 사람에 대해 해석하는 과정이라고 할 수 있다. 따라서 해석을 어떻게 하느냐에 따라 생각이 달라질 수 있다.

그리고 해석은 보는 눈에 따라 달라진다. 같은 것이라도 좋은 면을 보면 좋게 해석해서 긍정적으로 생각하게 되고, 나쁜 면을 보면 나쁘게 해석해서 부정적으로 생각하게 된다. 그러니 생각을 바꾸려면 보는 눈을 바꿔야 한다.

세상을 보는 눈, 상황을 보는 눈, 사람을 보는 눈, 자기 자신을 보는 눈이 생각을 만들어 내는 것이다. 세상의 밝은 면을 보면 긍정적인 세계관이 형성되고, 자신의 장점을 보면 긍정적인 인생관이 만들어지고, 직장이나 하는 일의 장점을 보면 훌륭한 직장관과 직업관이 생겨나고, 어려움 속에서도 기회를 보면 성공적인 마인드와 도전의식이 솟아난다.

따라서 성공과 행복을 바란다면 지금 눈에 띄는 대로 보지 말고 보이지 않는 장점을 찾을 수 있도록 보는 시야를 바꿔야 한다. 자신이 뭘 좋아하는지, 무엇에 재능이 있는지를 모르겠다면 보는 눈을 바꾸면 된다. 그러면 위대한 발견을 할 수 있다. 행복과 성공과 사랑, 당신이 바라는 수많은 인생의 가치들은 그냥 눈앞에 존재하는 것이 아니라 찾아서 발견해야 하는 숨은 광맥들이다.

가능성을 보는 눈이 긍정적 사고의 핵심이다. 그리고 긍정적 사고는 성공과 행복과 건강의 문을 여는 열쇠다. 성공과 행복과 건강한 인생을 바란다면 긍정적 사고의 소유자가 되어야 한다.

긍정적 사고는 모든 가능성을 지원하고 부정적 사고는 온갖 불가능을 지원한다. 긍정적 사고는 세상의 모든 문을 열고, 부정적 사고는 세상의 모든 문을 닫아버린다. 원하는 모든 것은 열린 문으로 들어온다.

열의(두 번째 요소)

열의는 어떤 일을 이루기 위하여 온갖 정성을 다하는 마음이다. 열의는 당신이 가지고 있는 능력을 발휘할 수 있도록 시동을 켜는 점화 장치 같은 것이다. 자동차를 움직이려면 시동을 켜야 한다. 이렇든 인간은 죽기 전까지 언제 어떤 상태에서든 '열의'란 키로 시동을 켜야 작동하는 가능성의 존재다. 인간의 유효 기간과 유통 기간은 일치한다. 그러므로 죽기 전까지 모든 것은 가능하고 유효하다. 이것은 노년의 나이에도 열의로 위대한 업적을 남긴 위인들이 증명하고 있다.

티티아는 98세에 걸작을 그렸고, 베르디는 74세에 그의 필생의 명작, 오델로를 썼다. 현대 경영학의 대부이며 위대한 경영사상가였던 피터 드러커는 "생각해 보니 60세부터 90세까지 30여 년간이 나의 전성기였다"라고 말했다. 그는 62세 때부터 클레어몬트 대학의 석좌교수로 활동하며 2005년 96세로 타계할 때까지 주옥같은 39권의 저서를 남겼다.

열의는 나이를 초월한다. 단, 아주 확실한 열의여야 한다. 약간의 열의나 상당한 정도의 열의로는 시동을 켤 수가 없다. 확실한 열의란 100%의 열의를 말한다. 물이 끓는 온도는 100℃이다. 99℃까지는 뜨거운 물일 뿐이다. 물이 끓지 않는다는 점에서 0℃와 99℃는 별 차이가 없다. 그러나 100℃와 99℃의 1℃ 차이는 성공과 실패를 가르는 엄청난 차이다. 99℃는 부족하다. 끝까지 1℃를 채워서 100℃가 되어야만 원하는 것을 확실히 얻을 수 있다.

세상에 약간의 열의를 가진 사람은 많다. 상당한 열의를 가진 사람도 꽤 있다. 그러나 이들은 항상 허둥댈 뿐 분명치가 않다. 하는 듯 마는 듯하다 안 되면 실망하거나, 환경을 탓하거나, 불평을 일삼는다. 좋아하는 일이라고 하면서도 자신을 100% 내던져서 노력하지 않는다. 안 될 것을 미리 걱정해서 여기저기 기웃거리기도 한다. 이런 약간의 열의나 상당한 열의는 열의가 없는 것과 마찬가지다.

하지만 100%의 열의는 환경을 극복하고 운을 따라잡는다. 열의가 있는 사람에게는 환경과 운도 그의 편이 된다. 약간의 열의로는 아무것도 얻을 수 없다.

당신은 열의가 있는 사람인가? 열의가 없는 사람인가? 오직 둘 중 하나만 선택하라.

능력(세 번째 요소)

사람의 능력은 현재 능력과 잠재 능력으로 구성된다. 현재 능력은 현재의 당신을 만든 능력이고, 잠재 능력은 앞으로 당신이 원하는 대로 될 수 있도록 만들어 가는 능력이다. 현재능력은 지금까지 노력해서 계발된 당신의 자원이다. 잠재 능력은 아직까지 채굴도, 계발도 되지 않은 채 묻혀 있는 미계발 자원이다.

많은 사람들은 이미 계발된 자원인 현재의 능력만을 자신의 능력이라고 생각한다. 그래서 무언가 뜻대로 안 되거나 힘들 때마다 능력 부족을 탓한다. 어떤 사람은 능력 부족을 핑계로 시도조차 하지 않는다. 그러나 당신이 지금 가지고 있는 현재 능력보다 훨씬 큰 잠재 능력에 눈을 돌려 보면 생각이 달라질 것이다.

인간의 잠재 능력은 무한하다고 한다. 사람이 갓 태어났을 때 단지 동물적인 반사기능 이외에는 아무것도 할 수 없는 무능력자였다. 그러나 성장하며, 걷고, 말하고, 생각하는 것을 학습하면서 엄청난 능력을 가지게 된다. 그냥 때가 되어서 저절로 걷게 된 것이 아니다. 서고, 걷고, 말하기 위해 수없이 연습하고, 수없이 실패하고, 실수하기를 반복했다. 그런 노력의 결과로 우리는 자유롭게 말하고, 걷고, 생각할 수 있게 된 것이다.

학습심리학자들의 연구에 의하면 인간이 학습할 수 있는 능력의 개수는 2,140억 개나 된다고 한다. 채굴되고 계발되기를 기다리고 있는 능력이 거의 무한하다는 것이다. 이런 점에서 능력은 있고 없고의 문제가 아니다. 많고 적음의 문제도 아니다. 오직 계발하느냐 계발하지 않느냐의 문제일 뿐이다.

좋아하는 일이지만 자신에게 재능이 없기 때문에 포기한다는 것은 게으름의 또 다른 변명이다. 아니면 자신이 정말로 좋아하는 일이 아니라 남의 눈에 좋게 보이기 때문에 좋아하는 것일 수 있다. 좋아하는 일이면 누가 시키지 않아도 자신이 알아서 하기 마련이다. '좋다'는 건 '즐겁다'는 뜻과 같다. 좋아하는 일을 하면 즐겁기 때문에 더 하려고 하고, 그러면서 자신의 능력이 점점 계발되는 것이다. 그래서 좋아하는 일을 경쟁 무기로 삼으라는 것이다. 따라서 정말로 좋아하는 일을 마음먹고 시도한다면 이 세상 어느 누구도 능력 부족 때문에 이루지 못할 것은 없을 것이다.

당신의 능력이 충분하다면 당신은 능력을 계발하고 있는 사람이다. 하지만 당신의 능력이 부족하다면 당신은 능력 계발에 게으른 사람일 뿐이다.

21세기 사회를 지배하는 TFP(Trust, Fun, Pride)

매년 포춘지에 미국의 훌륭한 100대 기업을 발표하는 경영컨설턴트 로버트 래버링은 훌륭한 직장의 조건으로 신뢰와 재미 그리고 자부심을 꼽았다. 사실 이 세 가지는 직장뿐만 아니라 가정과 사회에서도 매우 중요하게 여겨지고 있다. 21세기 사회에서는 신뢰와 재미, 자부심을 중요한 가치로 여기며 이것을 중점적으로 추구하게 된 것이다.

20세기에는 이익과 성실, 스펙(학력, 경력 등)을 중요한 가치로 여겼던 것과 비교해 보면 앞으로 사회가 어떻게 발전해 갈지를 가늠할 수 있다. 따라서 우리는 신뢰와 재미, 자부심에 대해 진지하게 생각해 보고, 자신의 삶에서 어떻게 구현할지를 고민하면서 TFP를 키워나가야 한다.

21세기 최고의 자산 : 신뢰(Trust)

세계 3대 광고회사인 에델만 그룹의 리처드 에델만 회장은 '소비자에게 신뢰를 준 기업만이 살아남는다' 고 단언했다. 지난 100년간의 기업 역사를 분석한 결과, 광고를 잘한 기업이 아닌 소비자에게 신뢰를 준 브랜드만이 살아남았다는 것이다.

그리고 경영학자 톰 피터스는 『경영파괴』에서 "믿어라, 그렇지 않으면 무너질 것이다"라고 말했다. 조선 최고의 거상 임상옥은 장사로 얻을 수 있는 최고의 이윤은 '사람'이고, 장사로 얻을 수 있는 최대의 자산은 '신용'이라고 했다.

소비자에게 신뢰를 얻기 위해서는 조직 내부에서의 상호 신뢰가 중요하다. 최고경영자가 직원들을 믿고, 직원들 상호간에 믿음의 고리가 단단할 때 그 기업은 우수성을 발휘하고 소비자로부터 신뢰라는 자본을 얻게 된다. 그동안 기업 활동은 자산을 형성하고 그 자산을 활용해서 이윤을 만들어 내는 것이었다. 그런데 최근 들어 경쟁이 심화되고 신기술의 수명이 짧아지면서 기업 활동이 점점 신뢰를 바탕으로 사람이란 고객을 만들어 내는 쪽으로 이동하고 있다. 21세기 기업 활동의 패러다임이 '자산 ⇒ 이윤 ⇒ 자산' 시스템에서 '신뢰 ⇒ 사람 ⇒ 신뢰' 시스템으로 이동하고 있는 것이다.

신뢰를 바탕으로 '사람'을 얻는 것! 이것이 21세기 새로운 비즈니스의 기본 모델이다. 20세기에는 자산과 실적을 우선시하기 때문에 남을 밟고서라도 우위에 서는 것이 중요했다. 어떤 불공정한 게임을 해서라도 결과만 좋으면 되었다. 하지만 21세기엔 능력보다는 사람, 실적보다는 신뢰가 중요해졌다. 대기업도, 중소기업도 그리고 개인 사업자도 모두 신뢰를 자산으로 하여 사람(고객, 협력자, 파트너 등)을 자기 편으로 만들고, 나아가 자신의 팬이 되도록 하는 것이 21세기 비즈니스의 룰이 된 것이다.

신뢰는 신용이자 믿음이다. 성공학자 나폴레온 힐은 "마음은 그 속에 품고 믿는 것이라면 무엇이든 이룰 수 있다"고 했다. 마음속에 품고 있는 꿈을 이룰 수 있다고 믿어야 마침내 꽃을 피울 수 있다. 의식적으로 믿어야 한다. 의식적 믿음이 곧 확신이고, 확신은 당신이 원하는 목표를 달성하게 만드는 열쇠이다.

부자가 되고 싶다면 신뢰를 쌓아라. 이윤을 많이 얻고 싶다면 많은 사람에게 도움이 되는 일을 하면 된다. 그러면 사람이 모이고 그들의 신뢰를 얻으면 저절로 부를 얻게 된다. 즉, 돈보다는 사람, 이익보다는 신뢰를 추구하면 된다. 신뢰는 사람과 사람 사이의 믿음이다. 행복하고 싶다면 내가 먼저 상대를 믿어 주면 된다. 그러다 믿는 도끼에 발등 찍히면 어떡하느냐고? 그럴 수도 있다. 하지만 믿지 않는 도끼는 쓸 수도 없지 않은가?

21세기 최고의 키워드 : 재미 (Fun)

지금 세상은 엔터테인먼트가 지배하고 있다. 교육에도 재미가 결합되어 학습용 만화책이 불티나게 팔리고 학교에서도 흥미 있는 영상물을 가지고 수업을 한다. 심지어 경건함을 추구해야 할 종교에서도 '즐길 수 있는 요소'가 대폭 도입되고 있다. TV, 영화, 연극은 얼마나 '재미' 있느냐가 성공의 관건이다. 재미있어야 표가 팔리고 광고 수입이 들어온다. 재미가 곧 돈이기 때문이다.

또한 건전한 의미에서 재미는 조직과 개인을 충전시키고 기업의 생산성을 높이는 최고의 요소로 인정받고 있다. 포춘 지가 존경 받는 기업 2위로 선정한 사우스웨스트 항공사의 허브 켈러허 전 회장은 직원들이 즐겁게 일할 수 있는 재미(Fun) 경영을 실천했다. 그 결과 지난 수년간 어려운 환경 속에서도 지속적인 매출 성장을 이

룩해 왔다. 사실 현대를 사는 근로자들은 평생 10만 시간 이상을 일터에서 보내고 있다. 이렇게 오랜 시간을 보내야 하는 일터에서 재미가 없다는 것은 결국 인생이 재미없다는 말과 같은 것이다. 일이 즐거우면 직장은 천국이다. 그러나 일이 괴로우면 직장은 지옥이다. 그래서 많은 기업들이 '직원들이 즐겁게 일하는 게 곧 실적 향상'이라는 인식을 가지고 재미(Fun) 경영을 도입하고 있다.

매출액 기준으로 세계 최대의 기업이 된 월마트의 막강한 힘은 'Saturday Morning Meeting'에서 나온다는 말이 있다. 이 미팅은 매주 토요일 오전 7시에서 9시까지 본사에서 열리는 간부회의다. 만약 당신에게 쉬는 날 아침 일찍 회의에 참석하라면 어떻겠는가? 아마 대부분은 죽을 맛일 것이다. 그런데 월마트의 간부들은 이 회의를 기다린다고 한다. 즐겁기 때문이다.

인기가수나 배우, 작가, 유명스타 등을 초청해서 회의를 최대한 즐겁게 이끈다. 그리고 토요일 아침의 즐거운 회의에서 결정된 사항은 곧 다음날 4천여 개의 미국 월마트 매장에 적용된다. 그래서 경쟁사들이 주말 동안 잘 쉬고 난 월요일 아침에 월마트는 고객들에게 차별화된 서비스를 제공하게 된다. 이것이 월마트의 경쟁력의 핵심이다.

세계1위의 분석, 계측장비 업체인 일본의 호리바 제작소는 사람이 일생에서 가장 중요한 시간을 회사에 바친다는 사실에 주목했다. 30~40년이란 긴 시간 중 매일 매일 가장 중요한 시간을 회사가 독점을 하는데 문제는 이 중요한 시간을 마지못해 보낸다는 사실이었다. 이것은 개인과 회사에게 지극히 불행한 일이라 생각하고 대안을 만들었다. 바로 그 시간을 즐겁게 보내게 한다는 것이다. 이 회사의 사훈은 '재미있고 즐겁게'이며 연수원 이름은 '펀 하우스'이다.

한국인은 세계 최고의 일벌레로 알려져 있다. 그러나 직장 만족도는 OECD국가 중 최하위에 속한다. 사실 많은 직장인들이 피로한 이유는 일이 많아서라기보다 일이 싫어서거나 재미가 없어서다. 재미있게 일할 수 있다면 만족도도 올라가고 일의 생산성도 획기적으로 높아질 것이다. 천국에서 즐겁게 일할 때 생산성이 훨씬 높아진다는 것은 당연한 일이다.

공부도 재미있게 해야 학습 능력이 오른다. 빌 게이츠는 '학교가 실패하는 것은 학생들이 싫증을 내기 때문'이라며 교과 과정을 바꿔서 학생들이 흥미를 갖게 해야 된다고 주장했다. 그리고 학생들이 평생 학습을 지속적으로 즐겁게 할 수 있는가를 알아보기 위한 OECD 보고서 'Learners for life, 2003'을 만들었다.

이 보고서에 의하면 한국은 스스로 학습하는 능력이 떨어지는 학생이 22%라고 한다. OECD 국가 중에서 최하위에 속하는 것이다. 이는 자기 주도적 학습 능력이 취약하다는 의미로서 사실 공부에 재미를 못 느낀다는 말이다.

그렇다면 한국의 교육 개혁의 방향은 무엇일까? 바로 재미다. 재미있게 학습할 수 있어야 학습 능력이 오르고 변화의 시대에 적응하기 위한 평생 학습이 가능해진다.

21세기 가능성의 문 : 자부심 (Pride)

　　하버드 경영대학원의 로자 베스 캔터 교수는 성공하는 기업과 망하는 기업의 가장 큰 차이는 이직률이라고 말했다. 이런 경우는 우리 주변에서도 흔히 볼 수 있다. 기업 성장이 좋고 직원들에 대한 처우나 혜택이 많은 회사에서는 장기간 근무하는 직원들이 많다. 하지만 직원이 자주 바뀌는 회사는 대부분 내부적으로 큰 문제가 있다. 그러니 망할 수밖에. 그렇다면 어떻게 해야 이직률을 낮출 수 있을까?

　　연봉이나 복지 혜택 같은 것도 문제지만 무엇보다 직원들이 자부심을 갖도록 하는 것이 중요하다. 직원들이 회사의 주인이라고 느끼고 자부심과 책임감을 가지고 일할 때 그 회사는 발전할 수 있다. 하지만 많은 기업이 말로는 직원들을 가족처럼 여긴다고 하지만 실제로는 직원들로 하여금 종업원 의식을 느끼게끔 만든다.

　　사람은 어떤 일이나 변화에 대해 자신이 주체라고 생각하면 자부심과 책임감을 느끼고 능동적으로 행동한다. 그러나 변화의 객체가 되어 버리면 패배감과 반감을 가지게 된다. 그러면 자연적으로 수동적이고 비효율적으로 행동하게 된다.

　　자신의 인생에서도 마찬가지다. 자신에 대해 자부심과 자신감이 있을 때 자기 인생의 주인이 된다. 자부심 있는 사람이 그렇지 않은 사람보다 일을 더 열심히 하고, 사람들에게 더 관대하며, 세상에 대해 더 긍정적으로 생각한다. 자부심은 인간이 입을 수 있는 훌륭한 갑옷이라는 말이 있다. 훌륭한 갑옷을 입은 장수는 적의 화살과 칼을 두려워하지 않는다. 그래서 그들은 용감하게 앞으로 나아가서 남들보다 먼저 목적지에 도달하게 된다. 이렇게 자부심을 가진 사람은 자신의 생각보다 훨씬 많은 것을 쉽게 얻을 수 있다.

자부심 없는 사람은 갑옷을 입지 않고 전쟁터에 나가는 것과 같다. 세상에서 가장 불쌍하고 실패가 확실한 사람은 자신에 대한 열등감과 패배의식으로 가득한 사람이다. 그들은 세상이 두려워서 전진하지 못한다. 자신이 너무 못나고 보잘것없어서 도저히 세상을 헤쳐 나갈 수 없다고 생각하기 때문이다. 실패할 것이 뻔한데 어떻게 도전할 수 있겠는가. 이런 사람은 아무리 뛰어난 재능을 가지고 있어도 소용없다.

사람에게 자부심이 얼마나 중요한지를 알려 주는 한 예가 있다. 2003년 12월 4일자 중앙일보 기사인데, 한국 청소년 상담원이 보낸 글이다.

어느 고등학교에 한 선생님이 계셨는데, 그 분이 담임을 맡은 반은 공부든 체육이든 늘 1등이었다. 많은 선생님들이 그 선생님의 능력에 감탄하기도 하고 궁금해 하기도 했다. 도대체 그 선생님의 비결은 무엇이었을까?

매해 3월 새 학기가 시작되는 날, 그 선생님은 학생들에게 이렇게 말했다.

"교사 생활 20년에 너희들처럼 우수한 아이들을 맡는 것은 처음이다. 어제는 너희들을 만날 생각에 잠도 못 잤다. 우리 올 한 해 잘해 보자."

마술사가 되는 첫걸음은 자기부터 먼저 모자 속에서 비둘기가 나온다고 믿는 것이라고 한다. 정말로 뛰어난 아이들이라고 믿는 선생님의 믿음과 그 믿음에서 자부심이 생긴 학생들이 얻은 결과였다. '나는 뛰어나다'는 자부심과 무엇이든 할 수 있다는 자신감은 자신의 능력을 계발하고 무언가에 열정적으로 시도할 수 있게 만드는 연료다. 아무리 비싼 차도 연료가 없으면 움직일 수 없다. 완벽한 설계도가 있어도 자부심이란 연료가 없으면 그것은 낙서에 불과할 뿐이다.

자기 자신을 사랑한다면 자신에 대한 자부심을 가져라. 그리고 누군가를 사랑한다면 그가 자부심을 갖도록 도와줘라.

02

창의력
두 번째 영향력

 ## 자신에게 해당되는 항목에 체크를 하시오

01 아침에 일어나 하루 일과를 계획할 때

가) 해야 할 일들의 리스트를 작성한다.

나) 약속 장소와 만날 사람들, 할 일들에 대해 마음속으로만 생각해 본다.

02 책을 읽을 때

가) 책의 내용을 세세하게 요약한다.

나) 책의 요점을 잡아낸다.

03 스스로에게 동기부여를 할 필요가 있을 때 자신이 좋아하는 방법은

가) 자신의 기준을 정하여 그것과 비교하는 것이다.

나) 다른 사람들과 경쟁하는 것이다.

04 극장에 갈 때

가) 극장의 왼쪽 편에 앉는 걸 좋아한다.

나) 극장의 오른 편에 앉는 걸 좋아한다.

05 어떤 문제에 접근할 때

가) 그것을 해결하기 위한 최상의 방식만 찾으려고 한다.

나) 그것을 해결하기 위해 서로 다른 다양한 방법들을 생각하려고 한다.

06 전에 해보지 않았던 새롭고 어려운 과제를 스스로 준비해야 할 때

가) 그 과제에 대한 광범위한 정보를 먼저 얻으려고 한다.

나) 그 과제를 수행하고 있는 자신의 모습을 상상해 본다.

07 나는

가) 결과의 통계적이고 과학적인 예측에 능숙하다.

나) 결과의 직관적인 예측에 능숙하다.

08 누군가를 만날 때

가) 그 사람의 이름을 기억하는 것이 더 쉽다.

나) 그 사람의 얼굴을 기억하는 것이 더 쉽다.

09 쇼핑 할 때

가) 신중하게 라벨을 살펴보고 가격을 비교한 뒤 구입하는 편이다.

나) 충동적으로 사는 편이다.

10 일반적으로 말해서

가) 새로운 아이디어를 다른 아이디어들과 비교해 보면서 받아들인다.

나) 새로운 아이디어를 구체적인 상황에 적용해 보면서 받아들인다.

11 백일몽(즐겁지만 현실과는 동떨어진 생각)은

가) 기획하고 문제를 해결하는 데 매우 실용적인 도구다.

나) 시간 낭비일 뿐이다.

12 나는

가) 공간적인 이미지, 즉 방의 배열이나 사람들이 어디에 앉아 있었는지

    등을 기억하는 데 뛰어나다.

나) 언어적인 것들, 예를 들어 이름이나 날짜 등을 기억하는 데 뛰어나다.

13 어떤 계획을 누군가에게 설명해 줄 때

가) 종이와 펜을 사용하는 편이다.

나) 말로 설명하는 편이다.

14 말로 설명을 하는 동안

가) 주의 깊고 조심성 있게 말한다.

나) 멈추지 않고 매우 활기차게 말한다.

15 누군가가 나에게 과제를 줄 때

가) 구체적인 지시를 받는 것이 좋다.

나) 융통성이 있는 개략적인 지시만 받는 것이 좋다.

16 좋은 영화를 보고 난 뒤

가) 마음속에 영화의 장면들을 떠올리는 것을 즐긴다.

나) 영화 속의 대사를 인용하는 것을 즐긴다.

17 나는

가) 선수나 다른 사람들의 움직임을 관찰하는 것으로 운동 능력(예를 들어

볼링)을 향상시키는 편이다.

나) 운동 단계들을 반복적으로 연습하면서 운동능력을 향상시킨다.

18 나에게 선택권이 있다면

가) 혼자 스스로 일하겠다.

나) 팀으로 함께 일하겠다.

19 다음 항목 중에 자신에게 해당되는 것을 모두 표시하시오.

외향적이며 다른 사람들과 함께 어울려서 일하는 것을 좋아한다.

☐ YES ☐ NO

수영을 즐긴다. ☐ YES ☐ NO

스키를 즐긴다. ☐ YES ☐ NO

사이클을 즐긴다. ☐ YES ☐ NO

새로운 아이디어를 생각해 내는 데 뛰어나다. ☐ YES ☐ NO

도식과 도표를 쉽게 이해할 수 있다. ☐ YES ☐ NO

때때로 게을러져서 아무 일도 하지 않고 편하게 있는 것을 좋아한다.

☐ YES ☐ NO

춤을 즐긴다. ☐ YES ☐ NO

그림을 그리거나 스케치하는 것을 좋아한다. ☐ YES ☐ NO

책을 읽고 난 후 등장인물이나, 장면, 줄거리나 구상을 머릿속에 생생하게

떠올릴 수 있다. ☐ YES ☐ NO

제때 전화를 하지 않고 미루는 편이다. ☐ YES ☐ NO

낚시를 좋아한다. ☐ YES ☐ NO

달리기를 좋아한다. ☐ YES ☐ NO

나도 모르게 새로운 아이디어들이 종종 떠오른다. ☐ YES ☐ NO

몸짓, 동작, 표정, 목소리 등을 통해 상대방의 의도나 생각을 잘 읽어 내는 편이다. ☐ YES ☐ NO

샤워하면서 노래 부르는 것을 좋아한다. ☐ YES ☐ NO

종종 가구를 재배열하고 집안을 장식하는 것을 즐긴다. ☐ YES ☐ NO

20 다른 사람의 추천서를 읽을 때

가) 추천서 뒤에 숨겨진 생각들에 주의를 기울인다.

나) 추천 내용이 정말로 맞는지에 주의를 기울인다.

21 논문을 읽을 때

가) 주요 아이디어들을 이해하기 위해 읽는다.

나) 세부 사항과 사실을 이해하기 위해 읽는다.

22 나는

가) 질서정연하고 계획된 경험들을 통해 체계적으로 배우는 것을 더 선호한다.

나) 자유로운 탐색을 통해 배우는 것을 더 선호한다.

23 나는

가) 신중하게 생각하고 분석한 후에 결정을 내리는 편이다.

나) 감이나 충동적으로 결정을 내리는 편이다.

24 나는

가) 미래에 대해서 현실적으로 계획하는 것이 더 재미있다.

나) 미래에 대하여 상상하는 것이 더 재미있다.

25 나는

가) 전반적인 상호 관련성을 위해 사물들을 조직화하는 것을 좋아한다.

나) 인과관계에 따른 순서에 위해 사물들을 조직화하는 것을 좋아한다.

26 문제를 해결할 때,

가) 직관적이다.

나) 논리적이고 합리적이다.

27 다음 항목 중에 자신에게 해당되는 것에 모두 표시하시오.

모든 물건들에 정해진 장소가 있고, 일을 하는 데 있어 나름의 체계와 매뉴

얼이 있다. ☐ YES   ☐ NO

바느질이나 십자수를 즐긴다. ☐ YES   ☐ NO

바둑 두는 것을 즐긴다. ☐ YES   ☐ NO

사진 찍는 것을 즐긴다. ☐ YES   ☐ NO

계약, 지시 매뉴얼 그리고 법적 서류의 의미를 잘 이해하기 위해 꼼꼼히 읽는

편이다. ☐ YES   ☐ NO

여행할 때, 세부 사항들을 계획하고 준비하는 것에 만족한다. ☐ YES   ☐ NO

무언가를 수집하는 것을 좋아한다. ☐ YES   ☐ NO

집안을 수리하고 개선하는 것을 즐긴다. ☐ YES   ☐ NO

사전에서 단어를, 전화번호부에서 사람 이름을 쉽게 찾을 수 있다.

☐ YES ☐ NO

모임이나 강의 시간에 노트 필기를 한다. ☐ YES ☐ NO

글 쓰는 것을 좋아한다. ☐ YES ☐ NO

카드의 브리지 놀이를 한다. ☐ YES ☐ NO

결과 지향적이다. ☐ YES ☐ NO

독서를 좋아한다. ☐ YES ☐ NO

연주할 수 있는 악기가 있다. ☐ YES ☐ NO

낱말 퍼즐을 즐긴다. ☐ YES ☐ NO

내가 하는 일은 조직화되어 있고, 효율적이고, 질서가 있다. (YES or NO)

[체크 결과 보기]

이 테스트는 사고 경향의 선호도를 측정하는 것으로, 테스트 결과 어느 한 쪽 두뇌의 점수가 32점을 넘는다면 그 쪽 두뇌에 의한 사고를 선호한다고 볼 수 있다.

보통 우뇌로 사고하는 사람들은 상당히 창조적이고 예술적이며, 문제해결에 있어서 감정이나 직관에 의존하는 편이다. 반면 좌뇌로 사고하는 사람들은 논리적이고 분석적이며, 신중하고, 계획적이고, 일처리에 세밀한 주의를 기울인다.

전체 점수가 명확히 어느 한 쪽으로 치우치지 않는다면 당신은 양쪽 두뇌의 문제 해결 능력을 모두 가지고 있는 것으로, 문제해결 접근에 있어서 매우 유연한 편이다.

정답이 없는 시대

그동안 우리는 선진국의 성장 방법을 모방하여 유례를 찾기 힘들 정도로 비약적인 발전을 해왔다. 성장 방법은 확실했다. 미국이나 일본이 해왔던 방법을 열심히 따라 하면 되었다. 교육도 마찬가지였다. 선진국의 지식을 도입해 열심히 습득했다. 선진국에서 이룬 성과를 그들보다 훨씬 빠른 시간에 습득, 우리 것으로 만들고 선진국 대열에 거의 올라섰다.

국가도, 기업도, 개인도, 먼저 이룬 곳에서 찾아 놓은 방법을 정답으로 생각하고 열심히 따라 했다. 그런 것들은 거의가 눈에 확실히 보이는 것들이었다. 그냥 성실히 열심히 하면 되었다. 그래서 학교에서건 직장에서건 성실, 노력 등의 슬로건을 내세웠다.

그렇게 먼저 간 기업과 사람들을 열심히 따라 하다가, 20세기가 끝날 무렵 엄청난 경제 위기를 맞았다. 대기업이 위기를 맞아 우수수 무너졌고, 안정적이라던 대기업의 직원들이 명예퇴직이라는 유탄에 쓰러졌다.

백조는 모두 희다고 생각했는데 검은 백조가 나타난 것이다. 21세기가 시작되면서 글로벌화의 진척과 함께 모두가 새로운 세상에 내던져진 것이다. 그 새로운 세상은 전보다 훨씬 경쟁적이고, 불확실하고, 위험해졌다. 동시에 새로운 기회도 훨씬 많아졌다.

큰 위험과 큰 기회가 동시에 존재하는 위기의 시대가 된 것이다.

일본의 석학 오마에 겐이치는 이렇게 글로벌 경쟁 시대에 접어든 21세기를 '정답이 없는 시대'로 규정했다. 그는 정답이 없는 시대의 중요한 능력은 새로운 것을 생각해 내고 실행하는 능력인 '구상력(構想力)' 이라고 주장했다. 구상력은 눈에 보이지 않는 사물의 본질을 파악하는 '전체적인 사고 능력' 과 '새로운 것을 발상하고 실행해 나가는 능력' 을 의미한다.

다른 사람이 생각할 수 없는 것을 찾아내고 그것을 현실에서 가치와 연결시킬 수 있도록 실행하는 열정이 필요하다. 과거의 교육으로는 이러한 능력을 키우기가 불가능하다. 특히 처음부터 정답을 가르치는 우리의 학교 교육에서는 더욱 그렇다.

정답을 잘 찾는 사람이 우수한 인재 대접을 받았고 지금도 그런다. 과거에는 이러한 교육으로도 아무 문제가 없었다. 그때는 정답이 있었기 때문이다. 미국과, 유럽과, 일본이 정답이었다. 이들을 먼저, 빨리 배우는 조직과 사람이 성공했다.

그러나 지금은 정답이 없는 시대다. 이제는 교육의 패러다임도, 경영의 패러다임도 바뀌고 있다. 변화의 핵심에 상상력과 창의력이 존재하기 때문이다.

현재의 상황을 제대로 꿰뚫어 볼 수 있는 통찰력과 미래를 내다볼 수 있는 상상력, 그것을 가치 창출로 연결시킬 수 있는 창조력이 경쟁에서 이길 수 있는 핵심 능력이 되었다. 이런 능력을 키우기 위해 필요한 단어들이 있다.

상상, 자유, 마음, 감성, 다양성, 속도 속의 여유, 디지털과 아날로그의 조화, 독서, 기록, 새로움, 재미, 자극, 유머, 가능성, 긍정성, 협력, 참여, 여성, 우뇌, 융합,연결, 관찰, …등등.

상상의 힘

인간이 상상한 것은 이루어진다. 1496년 레오나르도 다빈치는 비행 실험을 했다. "새는 수학 법칙을 통해 작동하는 기구다. 새가 하는 일을 인간이 못하겠는가?"라는 생각을 했던 것이다. 사생아로 출생했고 정식 학교교육도 받지 못했지만, 다빈치는 창조적 천재였다.

그는 인습에 얽매이지 않는 사고와 관찰, 실험을 중요시 했다. 자연에서 배웠다. 다빈치를 키운 것은 상상의 힘이었다. 상상은 인간의 두뇌 속에 있는 표상을 개조와 결합을 통해 새로운 이미지로 만들어 내는 심리 과정이라고 할 수 있다. 상상을 즐기고 그 상상을 현실화하는 능력을 가진 다빈치 같은 천재가 진정 21세기가 필요로 하는 새로운 인재상이다.

1976년 구소련은 운동선수들이 한 번도 가 본 적이 없는 캐나다의 몬트리올 경기장 사진을 보여 주고 그곳에서 경기하는 상상 훈련을 시켰다. 이미지 트레이닝이라는 이 훈련의 효과는 기대 이상으로 컸다. 베트남전쟁 때 포로로 잡혔던 미국의 네스맷 소령은 수용소에 갇혀 있던 7년 동안 줄곧 골프하는 상상을 했다. 종전 후 수용소에서 풀려나와 다시 골프채를 잡았을 때 무려 20타수나 줄일 수 있었다고 한다.

이처럼 상상은 현실에 영향을 미칠 수 있는 놀라운 힘을 가지고 있다. 상상하면 실현될 수 있다. 그러므로 어떤 상상을 하느냐 하는 것은 조직이나 개인의 미래에서 핵심 경쟁력이 될 수 있다. 그래서 빌 게이츠는 "우리 회사의 자산은 직원들의 상상력이 전부다"라 고 했다. 다른 사람들이 생각하지 못하는 미래를 예측하고 창조해 가는 상상력이야말로 미래를 여는 열쇠인 것이다. 분명히 상상은 공상이나 몽상과는 다르다. 상상은 실현 가능한 생각이다. 미국 MIT 미디어랩의 창립자인 마빈 민스키 교수는 "개방과 창의, 틀에 얽매이지 않는 파격성이 상상력의 근간이 된다"고 주장한다.

"앵커가 아니라 뉴스를 주연으로 만들겠다. 세계가 과거에 본 적이 없는 뉴스를 전할 것이다. 이것은 저널리즘 역사에서 가장 의미 있는 업적이 될 것이다." 1980년 테드 터너는 세계 최초로 24시간 뉴스 전문 네트워크인 CNN을 만들면서 이렇게 확신했다.

그러나 처음 반응은 냉담했다. 온갖 악평이 쏟아졌고 시청률도 형편없었다. 하지만 10여 년 후 CNN이 걸프전을 생생하게 보도했을 때 전 세계인들은 폭발적인 반응을 보였다. 사실 테드 터너가 CNN을 만들기로 생각한 1970년대에는 하루 종일 뉴스만 방송하는 채널은 누구도 상상할 수 없었다. 상상을 한다고 해도 정신 나간 사람 취급 받기 일쑤였다. 남들이 생각도 못했고 당시로서는 말도 안 되는 아이디어가 성공의 원동력이 된 것이다.

미래의 성공은 창조적 상상을 하고 그것을 용기 있게 행동으로 옮기는 사람의 몫이 될 것이다. 모두가 같은 곳을 볼 때 다른 곳을 볼 수 있는 사람, 모두가 같은 그림을 볼 때 남들이 보지 못하는 다른 그림을 볼 수 있는 능력이 상상력이다.

창조의 시대다

　　2010년 발표했던 삼성그룹의 21세기 키워드는 창조, 선견, 유연이다. 그리고 이러한 가치를 뒷받침할 인재 교육의 핵심 방향은 창의, 소통, 열정이다. 이것은 21세기에 생존과 성장을 위해서 필요한 뭔가 새로운 것, 세상에 없는 것을 창조하기 위해서 필요한 능력이다. 창의력은 창조의 씨앗이다. 소통과 열정은 창의력이란 씨앗이 제대로 성장할 수 있도록 하는 창조의 밭이다. 소통과 열정의 밭에서 창의력은 마음껏 자라서 창조를 만들어 낸다.

　　경쟁이 격화되고 글로벌화 되면서 창조성이 가장 중요한 가치로 대두되고 있다. 창조 없이는 생존도, 성장도 어렵게 된 것이다.

　　유럽의 석학 자크 아탈리는 "21세기는 새로운 것의 독재 시대이다. 살아남기 위해서는 새롭지 않으면 안 된다. 그래서 창조성으로 무장한 창조 계급이 중요하다"고 주장한다. 개방적인 가치를 공유하고 현실에 안주하지 않으며 파괴와 창조를 거듭하는 창조 계급이 있느냐, 없느냐는 조직 생존과 관련된 가장 중요한 문제가 되었다.

　　창조 경영의 대가이며 '생각의 탄생'을 쓴 로버트 루트번스타인은 창조 경영의 출발을 예술에서 찾았다. 시, 음악, 미술, 공연 등 예술은 세상을 다르게 볼 수 있는 실마리를 제공한다는 것이다. 그리고 그곳에서 창의력이 나온다고 주장한다.

　　최근 들어 기업 현장과 교육에서 예술이나 인문학 강좌가 부상하고 있는 것은 창의력을 키워야 되는 세상의 추세와 연관이 되어 있다고 볼 수 있다.

기업들도 창조를 위한 직원들의 창의력 계발에 힘쓰기 시작했고, 창의력을 이끌어 낼 수 있는 분위기 조성에 몰두하고 있다.

이탈리아의 스포츠카 회사인 페라리는 18~20명 정도로 구성된 '창의성 클럽'을 운영하고 있다.

이들의 창의력을 자극하기 위해 연기자, 소설가, 재즈 연주자 등 다양한 분야의 예술가들을 초빙하여 강의를 듣게 한다. 구글은 직원들이 전체 업무 시간의 20%를 현재 수행하는 프로젝트와 관계가 없는 연구 개발에 쓰도록 허용한다.

시간 압박을 받지 않고 자유롭게 창의적 사고를 하라는 의도에서다. 미국의 사우스웨스트 항공사나 아마존에서 인수한 자포스의 기업 문화인 펀 경영도 창의력 발휘에 도움이 된다고 볼 수 있다.

최근 연구에 의하면 잠이 성과, 기억력, 창조성을 향상시키는 것으로 나타났다. 그래서 구글, 시스코 시스템스, P&G 등은 사내에 숙면 시설을 설치했다.

20세기가 지식형 인재의 시대라면 21세기는 창의형 인재의 시대라고 한다. 창의형 인재가 되기 위해서는 무엇을 해야 하는가?

많이 읽어라 다양한 분야의 책과 신문 등 활자 매체를 가까이 해야 폭넓은 시야를 가질 수 있다.

다름을 인정하라 긍정적이고 개방적인 유연한 사고를 통해 다른 사람을 인정하고 다양성을 수용하라. 창조성은 기본적으로 다름에서 나온다.

실패와 친해져라 실패를 두려워하지 않아야 새로운 시도를 할 수 있다. 수많은 시도에서 창조가 싹튼다. 실패와 실수는 당신의 사고를 넓혀 준다.

모방하라 창조의 출발은 모방이다. 하늘 아래 전혀 새로운 것은 없다. 배움은 다른 사람의 '문제'를 받아들이는 것이고, 모방은 다른 사람의 '해법'을 받아들이는 것이다.

감성 능력을 키워라 이성은 논리를 낳고 감성은 행동을 낳는다. 상자 속의 논리보다 상자 밖의 행동에서 창의적 아이디어가 나온다. 생각의 틀을 깨라.

몸을 움직여라 로버트 루트번스타인은 "'생각의 탄생'에서 몸의 움직임이 생각이 된다"고 했다. 몸과 마음이 따로따로가 아니라 서로 깊이 연결되어 있기 때문에 몸이 움직이면 마음과 생각도 움직이게 되는 것이라 한다.

실패에서 창조는 싹튼다

1949년 미국의 사업가인 프랭크 맥나마라는 뉴욕의 고급 식당에서 주요 고객을 초청하여 파티를 열었다. 파티가 끝나고 돈을 지급하려는 순간 지갑을 놓고 온 사실을 알았다. 음식 값을 지불하지 못해 고객들 앞에서 큰 망신을 당했다. 한참 뒤에 부인이 와서 음식 값을 지불하고서야 음식점을 나올 수 있었다. 나중에 그는 변호사인 한 친구에게 그날의 봉변을 얘기하며 물었다. "현금이 없을 때 음식 값을 먼저 지불할 수 있는 방법은 없을까?" 두 사람은 오랜 고민 끝에 친구들 200명과 함께 먼저 돈을 내지 않고 음식점을 이용할 수 있는 단체인 '다이너스클럽(Diner's club-식사하는 사람들의 모임)'을 만들고 각자에게 플라스틱 회원증을 나눠 주었다. 이것이 바로 세계 최초의 신용카드인 '다이너스 카드'이다. 지금은 없어서는 안 될 중요한 생활 도구인 신용카드는 이렇게 한 개인의 작은 실수에서 탄생했다.

일본 실패학의 창시자로 불리는 하타무라 요타로 도쿄대 명예 교수는 "실패학의 궁극적인 목표는 '창조학'이라며, 창조를 하려면 실패가 따라올 수 있다는 생각을 반드시 해야 한다"고 주장하고 있다.

물론 실패가 목표여서는 안 된다. 같은 실패나 실수를 반복하는 것도 곤란하다. 실패나 실수는 성공으로 가는 과정에서 겪게 되는 학습이다. 학습을 통해서 새로운 것을 배워야 한다. 배움을 통해서 새로운 길을 열어가는 가운데 그 길의 끝에서 창조가 싹튼다.

자연계에서 가장 뛰어난 사냥꾼인 늑대들의 사냥 실패율은 90% 정도라고 한다. 늑대는 이런 실패에도 포기하지 않고 사냥을 지속하며 새로운 사냥 기술을 연마하고 생존의 지혜를 만들어 간다. 늑대들에게 사냥은 생존을 위한 학습인 것이다.

불확실성이 지배하는 21세기에는 기업을 비롯한 모든 조직이 실패에 유연해야 한다. 실패를 인정하고, 실패를 용인하고, 실패로부터 학습해야 생존이 가능하다.

21세기 조직의 핵심 키워드는 혁신과 창조이며 이를 위해서 조직 자체가 학습 조직이 되어야 한다. 학습하는 조직에서 혁신과 창조가 이루어진다. 혁신과 창조를 위한 최고의 학습은 실패로부터 배우는 것이다. 실패는 시도했다는 증거다.

하타무라 요타로 교수는 조직이 실패에서 창조를 찾기 위한 핵심 방법 10가지를 제안한다.

- 실패를 직시하라. 그리고 실패를 인정하라.
- 책임 추궁과 원인 규명은 확실하게 구분하라.
- 실패를 스스럼없이 말할 수 있는 환경을 만들어라.
- 눈앞의 현상만 보지 말고 근본적인 원인을 찾아라.
- 실패 사례를 분석한 뒤 조직원들끼리 공유하라.
- 실패를 불러온 부서간의 연결고리를 찾아라.
- 실패의 책임은 개인보다 조직이 안고 가야 한다.
- 치명적인 사고에 앞서 발생한 작은 실수에서 대책을 마련하라.
- 작업 매뉴얼화 등 지나친 경제성 추구는 금물이다.
- 인간의 심리와 사회는 항상 변화한다. 시장의 흐름을 읽어라.

창의력은 역경 속에서 발휘된다

21세기 들어서 가장 많이 주목 받고 있는 능력이 바로 창의력이다. 20세기까지만 해도 '성실한가?', 'IQ가 높은가?' 가 사람의 능력과 성공 가능성을 가늠하는 척도였다. 그러나 21세기엔 창의성과 소통 능력을 더 중요하게 여긴다. 그러자 창의력에 대한 중요성이 부각되는 만큼 창의력을 길러야 한다는 주문이 늘고 있다. 아이들을 위한 '창의성 교육'이라고 해서 새로운 프로그램들이 만들어졌다. 창의력을 증진시키기 위한 방법론이 우후죽순처럼 늘어났다. 하지만 창의력이라는 게 어떤 프로그램을 이수하거나 몇 가지 방법론만 가지고 발전할 수 있는 게 아니다.

먼저 창의력이 무엇인지를 알아야 한다. 창의력의 사전적 의미는 '새로운 것을 생각해 내는 능력'이다. 그렇다면 새로운 아이디어는 어떨 때 잘 떠오를까. 좋은 아이디어는 가만히 앉아서 무작정 생각만 한다고 해서 떠오르지 않는다. 창의력은 어떤 문제를 해결해 나가는 과정에서 자연스럽게 떠오르는 것이다. 기존의 매뉴얼이나 늘 하던 습관대로 문제를 해결하는 것이 아니라 더 나은 해결 방안을 찾으려고 이것저것 궁리를 하다가 떠오르는 게 아이디어다. 즉 새로운 시각에서 문제를 바라보고 발상의 전환을 할 줄 아는 능력이 바로 창의력이다. 그래서 창의력은 어려운 상황에서 길러지는 최선의 생존 능력 같은 것이다.

어려움에 처했을 때 어떻게 대응하느냐에 따라 삶의 질이 결정된다. 당신은 어려움이나 실패가 없는 순탄한 삶을 원하겠지만, 세상에 그런 삶은 없다. 아니, 세계 70억 인구 중에서 부와 명예와 건강까지 모두 가지고 평생을 순탄하게 살아가는 사람이 아예 없지는 않을 것이다.

그러나 대부분의 사람은 언제나 크고 작은 어려움과 걱정, 고생을 이겨 내면서 살아가게 된다. 그런데 자신의 삶을 조금이라도 발전시키는 사람은 최악의 상황에서 주저앉는 게 아니라 그것을 극복하기 위해 궁리하고, 연구하고, 노력하는 특성을 보인다. 그 가운데 창의력이 길러지고 세상을 보는 안목과 현명함이 길러진다. 만약 걱정거리나 어려움이 별로 없는 최상의 환경에서만 산다면 별로 고민할 필요가 없을 것이다. 그렇다면 생각하는 과정에서 발전하는 창의력 또한 절대로 키워지지 않는다.

멀리 보라

강물 위를 가로지르는 철길을 누가 빨리 걷는지, 뚱뚱한 아이와 날씬한 아이가 시합을 했다. 이 시합에서 누가 이겼을까? 아마 사람들은 몸이 가벼운 날씬한 아이가 이겼을 거라고 생각할 것이다. 그런데 뜻밖에도 뚱뚱한 아이가 이 시합에서 이겼다. 날씬한 아이는 자꾸 아래를 보다가 떨어질지도 모른다는 두려움 때문에 몇 걸음 못 가 시합을 포기해 버렸다. 하지만 뚱뚱한 아이는 유유히 철길을 다 건넜다.

이유가 무엇이었을까? 뚱뚱한 아이는 튀어나온 배 때문에 밑을 내려다봐도 강물이 보이지 않았다. 그 아이는 발아래 대신 먼 곳을 바라보며 걸어갔다. 그래서 별 두려움 없이 철길을 다 건널 수 있었던 것이었다.

멀리 본다는 것은 눈앞의 이익이나 사소한 걱정, 역경에 얽매이지 않는다는 의미다. 발등만 보고 현실의 어려움에 집착하면 자신의 목표와 비전은 쉽게 달아나 버린다. 비전을 가지고 그것을 달성하기 위한 방법을 찾다 보면 새로운 아이디어가 떠오르고 좋은 기회가 눈에 보이게 된다. 시선을 먼 곳에 두면 많은 것이 보이고 넓게 볼 수 있다. 그래서 생각의 폭 또한 넓어지게 된다.

재일교포인 일본의 소프트 뱅크 손정의 회장은 "눈 앞만 보기 때문에 멀미를 느낀다. 몇 백 킬로미터 앞을 보라. 바다는 기름을 제거한 것처럼 평온하다. 나는 그런 장소에 서서 오늘을 지켜보고 사업을 하고 있기 때문에 전혀 걱정하지 않는다"고 말한 적이 있다.

멀리 보이는 푸른 바다는 비전이다. 해변가만 살펴보면 높은 파도, 거친 해일, 오염을 비롯한 많은 문젯거리 등 현실의 수많은 난관만 눈에 들어온다. 그러나 멀리 보면 끝없이 푸르고 넓은 비전이 보인다.

가끔은 멀리 푸른 바다를 쳐다보자. 가끔은 고개를 들어 높고 푸른 하늘을 쳐다보자. 가끔은 우리의 먼 미래를 생각해 보자. 그리고 그 미래에 가슴 뛰는 비전을 심어 보자. 그러면 머릿속에 창의적인 참신한 발상이 마구 마구 떠오를 것이다.

창의적 행동으로 자신의 비전을 가꾸라

비전을 갖는 것은 매우 중요하다. 그런데 그것보다 더 중요한 것은 그 비전을 제대로 가꾸는 것이다. 농부가 씨앗을 뿌리고 오랜 시간 정성을 들여야만 가을에 풍성한 결실을 얻을 수 있다. 그렇듯이 비전의 씨앗도 관리하고 가꾸어야 결실을 맺을 수 있다.

비전의 씨앗을 관리하기 위해 우리는 목표를 만들어 관리하고 계획에 따라 행동해야 한다. 꿈(비전)을 날짜와 함께 적어 놓으면 그것은 목표가 되고, 목표를 잘게 나누면 계획이 되며, 그 계획을 실행에 옮기면 꿈은 실현된다고 했다. 여기서 중요한 것은 시간(날짜) 관리와, 기록 관리와, 그것을 실행하는 것이다. 여기서 창의적 생각과 행동이 필요하다.

비전이 저 산 너머에 있다면 보이는 저 산꼭대기는 목표가 된다. 산 너머에 있는 비전은 지금 이 자리에선 보이지 않는다. 상상으로 만들고 상상의 눈으로만 볼 수 있을 뿐이다. 상상으로 만들어진 산 너머의 비전을 볼 수 있는 유일한 방법은 오직 산꼭대기인 목표까지 가는 것이다.

목표는 확실해야 한다. 단순한 상상력만으로는 보이지 않는다. 바로 쳐다보면 확실하게 보여야 한다. 그래서 목표는 구체적이고, 달성 기한이 있어야 하고, 또한 달성 가능한 것이어야 한다. 또한 목표 달성 정도를 측정할 수 있어야 한다. 그리고 반드시 기록해야 한다. 측정되지 않고 기록되지 않는 목표는 관리될 수 없고, 관리되지 않는 목표는 진정한 목표가 아니다. 그것은 그냥 바람이고 공상일 뿐이다.

측정되고 기록 관리되어야 평가할 수 있다. 평가할 수 있어야 책임질 수 있다. 평가 없이는 개선도, 성장도 없다. 평가를 두려워하거나 귀찮아하지 말고 즐겨야 한다. 평가는 성장과 성공의 기본 시스템이다. 눈에 보이고, 달성 가능한 목표인 저 산꼭대기에 오르기 위해서는 오늘 한 걸음, 지금 한 발짝이라도 걸어야 한다. 그리고 지금의 한 발짝으로 오늘을 계획하고, 오늘 한 걸음으로 일주일을 계획해야 한다. 결국 지금 한 발짝 걷고, 오늘 한걸음 걸어서 하루의 계획을, 일주간의 계획을 성공적으로 완수하면 마침내 꿈은 이루어진다.

당신은 지금 한 발짝씩, 한걸음씩 걷고 있는가? 당신은 비전 있는 삶을 원하는가? 그렇다면 우선 가슴 벅찬 비전부터 만들어 지금 시작해 보자.

창의적 비전 만들기

나의 비전
10년 후 :
20년 후 :
30년 후 :
나의 목표(1년 후)
1.
2.
3.
4.

독서는 가능성으로 통하는 문이다

그녀는 정식 결혼을 하지 않은 부모 사이에서 태어나 미국 남부 미시시피의 수돗물도 나오지 않는 시골 할머니 집에서 자랐다. 하지만 할머니의 손에 키워지면서 9세 때 사촌에게 강간을 당하고, 14세 때 임신과 낙태라는 불행한 경험을 하게 된다. 불우한 청소년기로 망가진 그녀는 20대 때는 마약의 늪에 빠져들어 인생의 밑바닥에서 벗어나지를 못했다.

다행히도 그 불행하고 뚱뚱한 흑인 소녀는 책 읽기를 좋아했다. 책만이 불행에 빠져 있는 그녀를 위로해 주고 구해주는 유일한 탈출구였다. 그리고 마침내 그녀는 미국 포브스 지가 선정한 '세계에서 가장 영향력 있는 여성' 중 한 명이 되었다. 또한 경제전문지 포춘이 선정한 '미국에서 가장 영향력 있는 50대 여성 기업인' 3위에 오르기도 했다. 그녀는 바로 미국 토크계의 여왕이라고 불리는 오프라 윈프리다.

혹독한 가난과 성폭행, 미혼모, 수감 생활 등 불우한 환경 속에서 오프라에게 희망을 갖게 허준 것은 바로 독서였다. 그녀는 수많은 책을 읽으면서 지식을 얻고, 현명함과 지혜를 배우고, 창의력으로 가득찬 생각을 가지게 되었다.

독서로 얻은 자산은 그녀가 토크쇼를 진행하는 데 마르지 않는 샘물이 되어 주었다. 독서의 힘을 잘 알고 있는 오프라 윈프리는 1996년에 미국을 독서하는 나라로 만들겠다는 포부를 가지고 북클럽을 조직했다.

그리고 자신처럼 불우한 시기를 보내고 있는 청소년들과 어려움에 처한 사람들에게 독서의 즐거움으로 어려움을 극복하라고 조언했다.

오프라 윈프리에게 힘을 준 것은 독서였다. 그리고 그녀는 또 다시 독서를 통해 다른 많은 사람들에게 힘을 주고 있다. 그 힘은 곧 희망이다. 지금 어려움을 이겨 내고 앞으로 나아갈 용기를 주는 것, 그것이 곧 독서의 힘이다.

우리나라에서도 독서를 통해 역경을 이겨 내고 자신의 분야에서 최고 자리에 올라선 사람들이 수 없이 많다. 독서로 얻은 힘은 학력도, 배경도 초월하여 막강한 위력을 발휘한다. 초등학교 졸업 후에 가출해서 막노동판을 전전하며 인생의 밑바닥을 맴돌던 한 소년은 독서를 통해 우리 시대 최고의 드라마 작가가 되었다. 초등학교 작문 시간에 상을 받은 경험과, 당시 시인이었던 친구 아버지가 그의 작문을 보고 '너는 될 것 같다'고 한 격려 한마디가 작가를 꿈꾸게 만든 유일한 자산이었다.

그는 이 자산을 바탕으로 작가의 꿈을 꾸고 그것을 실현하기 위해 닥치는 대로 책을 읽었다. 엿장수를 따라다닐 때는 고물로 바꾼 헌책을 읽었고, 밥을 굶는 한이 있어도 문학잡지는 꼬박꼬박 사서 읽었다. 용의 눈물, 태조 왕건 등으로 유명한 작가 이환경 씨는 그때 읽은 글들이 체화되어 대본으로 되살아나고 있다고 고백했다. 이처럼 독서는 누구에게나 가능성의 문을 열어 준다.

독서는 창의력을 키우는 제일 쉬운 방법이다

　　자신이 처한 상황이 어려울수록 독서가 필요하다. 책을 통해 같은 상황에 처한 다른 사람들이 어떻게 행동해서 성공했는지 배울 수 있고 나도 그들처럼 할 수 있다는 용기를 가질 수 있기 때문이다.

　디지털 시대에 접어들면서부터 컴퓨터와 휴대폰, TV 등 다양한 영상 시스템 때문에 책이 우리 곁에서 멀어지고 있다. 책이 아닌 다른 곳에서도 얼마든지 정보를 얻을 수 있고, 지식을 습득할 수 있게 되었기 때문이다. 2004년 한 조사에 따르면 10명 중 3명은 1년 동안 책을 한 권도 안 읽는 것으로 나타났다. 책을 안 읽어도 얼마든지 정보와 지식을 얻고 생존 경쟁에서 살아남을 수 있다는 잘못된 풍조가 만연되고 있는 탓이다.

　그러나 디지털 시대의 왕좌인 마이크로 소프트사의 빌 게이츠 회장를 보라. 그는 9세 때 세계대백과사전을 독파할 정도로 독서광이었다. 집 근처 공공도서관에서 열린 여름 독서 콘테스트 아동부에서 1등을 한 적이 있는 책벌레였다. 물론 지금도 빌 게이츠는 항상 책을 가까이 두고 있는 독서광이다. 중국의 전 국가주석 장쩌민도 틈만 나면 책을 읽는 독서광이라고 한다. "배우고 배우고 또 배우라! 실천하고 실천하고 또 실천하라!"고 외쳤던 장쩌민은 등소평 이후 중국을 세계의 중심 무대에 올려놓은 주역이다.

　이탈리아 땅이었다가 프랑스에 합병된 코르시카 섬 출신의 나폴레옹 보나파르트는 소년이 될 때까지 프랑스 말을 하지 못했다고 한다. 여러 이유로 불우한 소년 시절을 보냈던 나폴레옹은 많은 책을 읽으며 그 시간들을 견뎌냈다고 한다. 어떤 자료에 의하면 그는 사망하기 직전인 52세까지 매년 190권의 책을 읽었다고 한다. 말 잔등에 앉아서까지 책을 읽을 정도로 독서광이었던 나폴레옹은 독서에서 얻은 통찰력과 직관이 자신을 만들었다고 고백했다. 어쩌면 프랑스 말도 모르던 불우한 소년이 후일 프랑스의 황제에 등극한 것도 독서의 힘 때문이 아니었을까.

위대한 지도자와 위대한 업적의 밑바탕엔 이처럼 수많은 독서의 저력이 있다. 독서는 개인뿐 아니라 국가나 사회 조직의 발전에도 필수적이다. 2007년 러시아는 대대적인 독서 운동을 벌였다. 미국 여론 조사기관 NOP에 따르면 2005년 기준 러시아인의 독서 시간은 일주일에 7.1시간으로 세계 7위로 한국(주 3.1시간)의 2배가 넘었다고 한다. 하지만 그들은 공산주의 붕괴 전보다 독서 시간이 40%나 줄었다며 다시 책을 읽자고 외치고 있다는 것이다. 역사적으로 볼 때 국민이 책을 많이 읽는 국가는 강대국이 되고, 독서 시간이 줄면 국가의 경쟁력이 약해졌다고 한다.

독서는 종합선물세트다

독서가 우리에게 주는 선물은 수없이 많다. 책 한 권을 들고 당신은 원하는 선물을 고르기만 하면 된다.

첫째, 독서는 유익한 즐거움을 준다.

독서가 즐겁다고? 독서를 별로 하지 않거나 책과 친하지 않은 사람들은 이 말에 고개를 갸우뚱할 것이다. 그런데 생각해 보면 취미가 무엇이냐는 질문에 '독서'라고 대답하는 사람들이 꽤 많다. 2007년 여론 조사에서 러시아인들의 47%가 취미가 무엇이냐는 물음에 '독서'라고 대답했다고 한다.

아마 당신도 면접할 때나 이성을 만날 때 독서가 취미라고 대답한 적이 한 번쯤은 있었을 것이다. 취미란 재미있고 좋아서 하는 일이다. 독서처럼 돈이 별로 안 드는 오락도 없고, 독서처럼 오라가는 기쁨을 주는 것도 없을 것이다.

두 번째로, 독서는 자극을 준다.

인간에겐 끊임없는 자극이 필요하다. 자극이 없이는 행동도 없다. 행동을 하도록 자극을 주는 것이 동기부여다. 한 권의 책을 읽으면 심리적, 감성적으로 여러 자극을 받게 된다. 책이야말로 동기부여의 총체가 아닐까? 만약 무언가 자극이 필요하고 행동하기 위한 용기가 절실하다면 지금 당장 서점으로 달려가 자신에게 필요한 책을 사서 읽어 보자.

세 번째로, 독서는 정리된 정보를 준다.

현대는 정보와 지식이 넘쳐나는 정보 과잉 시대다. 양만 많은 것이 아니라 정보와 지식에 대한 접근도 쉬워졌다. 이렇게 지식이 넘치는 시대에선 선택이 관건이다.

이때 올바른 선택과 제대로 활용할 수 있는 힘을 주는 것이 책이다. 정보가 재료라면 책은 재료를 활용해 입맛에 맞게 가공된 음식이다. 당신이 먹고 싶은 음식을 고르듯이 원하는 책을 고르면 된다.

네 번째로, 독서는 상상력을 키워 준다.

21세기에는 창조의 힘이 중요하고, 창조를 위해서는 상상할 수 있는 힘이 있어야 한다. 상상한 것은 창조될 수 있고, 상상한 것은 이루어질 수 있는 세상이 되었다. 『양철북』으로 노벨문학상을 받은 독일작가 귄터 그라스는 '책은 독자의 상상력을 키워 준다. 그림이나 영화는 유흥이지만, 독서는 창조적 노동이다' 라고 말했다.

성공하고 싶은가? 부자가 되고 싶은가? 그렇다면 책을 읽어라! 21세기의 성공과 부는 창조적인 사람들의 몫이다. 창조적 상상을 위해 책을 읽고 또 읽어야 한다.

다섯 번째, 독서는 경험이란 선물을 준다.

앞으로 사회는 경력보다 경험을 중시한다. 경험이 학력과, 자격증과, 경력을 대신하는 가장 큰 인생의 자본이 된다. 하지만 엄청나게 다양화된 사회에서 모든 것을 직접 경험하기는 불가능하다. 그래서 우리는 다른 사람의 경험을 사야 한다. 가장 값싸게 그리고 가장 손쉽게 다른 사람의 경험을 살 수 있는 방법이 독서다.

여섯째, 독서는 지혜를 준다.

경영자는 책을 통해 경영의 지혜를 얻고, 가정주부는 책을 통해 살림의 지혜를 배운다. 우리 모두는 책을 통해 삶의 지혜를 얻는다.

'읽는 시간을 따로 떼어 두어라. 그것은 지혜의 샘이기 때문이다. 웃는 시간을 따로 떼어 두어라. 그것은 영혼의 음악이기 때문이다. 사랑하는 시간을 따로 떼어 두어라. 그것은 삶이 너무 짧기 때문이다' 이것은 19세기 영국의 시인 로버트 브라우닝의 시다.

그밖에도 독서가 주는 선물은 헤아릴 수 없이 많다. 꿈을 주고, 감동을 주고, 행복을 준다. 가야 할 길을 알려 주고, 가는 길을 안내하고, 막힌 길을 터준다. 마음을 편안하게 해주고 두뇌를 훈련시켜 주고 보는 눈을 바꿔 준다.

기록의 힘

"1979년 하버드 대학 MBA 졸업생 중 3%가 자신의 목표와 단계별 계획을 기록하여 관리했고, 13%는 목표만 있고 기록은 하지 않았다. 그리고 84%는 아예 목표가 없었다. 그로부터 10년이 지난 후 목표가 있었던 13%는 목표가 없었던 나머지 84%보다 평균 수입이 두 배에 달했고, 목표를 기록했던 3%는 나머지 97%보다 수입이 무려 10배나 많았다."

이것은 자기 계발 전문가 브라이언 트레이시의 저서 『목표, 그 성취의 기술』에 나온 사례다. 1953년 예일대학교 졸업생들을 대상으로 한 설문 조사에서 조사 대상자 중 뚜렷한 목표를 글로 써서 관리하는 사람은 전체의 3%였고, 30%는 목표는 있었으나 기록 관리를 하지는 않았으며, 나머지 67%는 아예 목표가 없었다. 오랜 시간이 흐른 후 이들을 조사해 보니 기록된 목표를 가지고 있었던 3%가 나머지 97%의 재산을 합한 것보다 훨씬 더 많은 재산을 형성했다는 것이다.

물질적인 부가 유일한 성공의 척도는 아니지만 성취의 기준이 된다고 볼 때, 위의 두 사례에서 당신은 무엇을 느꼈는가? 아마 목표를 갖는 것은 중요한 일이고, 그것을 기록해서 관리한다는 것은 훨씬 더 중요한 일이란 것을 느꼈을 것이다.

하버드 MBA나 예일 대학생들은 모두 자타가 인정하는 우수한 인재들이다. 그런데 이 우수한 인재들은 시간이 흐르면서 다른 요인에 의해 크게 차별화 된다. 그 차별화의 핵심 요인이 '기록' 이다. 즉 목표의 기록 관리인 것이다.

우수성은 씨앗이고, 기록 관리는 가꾸는 것이다. 똑같은 씨앗(우수성)을 뿌려도 가꾸지 않으면 엄청난 결실의 차이를 가져온다. 타고난 재능이나 젊었을 때의 우수성도 가꾸지 않으면, 씨만 뿌리고 제대로 돌보지 않는 농작물처럼 작은 소출에 만족해야 되는 평범함으로 변해 버린다. 재능과 우수성을 가꾸는 수단이 기록이다. 평범함도 기록 관리되면 비범함으로 바뀔 수 있다.

기록의 습관

왜 기록이 중요한가? 기록하지 않으면 기억은 희미해지고 아이디어도 쉽게 소멸되기 때문이다. 기록하지 않은 목표는 가볍게 사라지게 된다. 기록하지 않는 이름은 쉽게 잊혀진다. 기록하지 않는 생각은 다시 돌이키기 힘들어진다.

평범한 사람도 하루에 100가지 정도의 아이디어를 떠올린다고 한다. 이 정도면 보통 사람들도 모두 아이디어맨인 셈이다. 그런데도 아이디어의 샘은 항상 말라 있다. 왜 그럴까? 기록하지 않기 때문이다.

많은 사람들이 결심을 한다. 운동을 결심하고, 금연을 결심하고, 수없이 많은 긍정적인 결심들을 하지만 얼마 안 가서 결심이 사라져 버린다. 그래서 작심삼일이라고들 한다. 작심삼일이면 사흘에 한 번씩 결심하면 되지 않겠는가? 그런데 사실 시간이 흐르면서 결심조차 시들해져 버린다. 결심의 유효 기간을 늘리고 결심의 재창조를 위해서는 결심도 관리해야 된다.

모든 관리의 시작이 기록이다. 기록은 아이디어들과 결심을 싱싱하게 유지시켜 준다. 싱싱한 생각과 다짐들은 곧 행동을 불러 일으키는 에너지가 된다. 기록이 행동에 강한 영향을 미치는 것이다. 무엇보다 창의력은 아이디어가 차곡차곡 축적되면서 발전하게 된다. 기발한 생각은 갑자기 떠오르는 것이 아니다. 실은 내부에 축적된 데이터들이 적절한 사례에 맞춰 선긋기를 한 것일 뿐이다. 그래서 발명가들은 오랜 세월 아이디어를 기록해 놓은 노트를 최고의 보물로 여긴다. 생각이 막힐 때마다 그 노트를 읽고 있으면 아이디어가 떠오르기 때문이다.

영국의 스포츠 심리학자인 프랭크 이브 박사팀은 수년 전에 백화점 고객들 중 에스컬레이터 대신 계단을 이용하는 비율이 5~10%에 불과하다는 사실을 발견했다. 그래서 계단 입구에 '손쉬운 운동입니다. 활력 있는 생활을' 이란 표어를 써서 붙이고 맨 마지막 계단에는 '잘 하셨습니다' 란 격려문을 써서 붙여놓았다.

12주 후, 계단 이용객이 2배나 증가했다. 간단한 기록물 하나가 인간의 행동에 엄청난 변화를 가져온 것이다. 사우나를 좋아하는 사람들은 알 것이다. 사우나실 벽면에 기록된 사우나의 효과에 대한 글을 읽고 있으면 뜨거운 사우나실에서 힘들이지 않고 더 오래 견딜 수 있다는 사실을.

모든 관리의 기초는 기록이다

서양에서는 르네상스 시대부터 돈의 수입과 지출을 기록하지 않으면 부자가 될 수 없다고 가르쳤다. 돈의 수입을 기록하는 것은 곧 생산 활동을 독려하는 것이요, 지출을 기록하는 것은 쓸데없는 지출을 억제하는 행위다. 재테크는 수입과 지출을 기록하는 가계부를 쓰는 것부터 시작된다.

경제의 3대 주체인 정부, 기업, 가계 중 정부와 기업은 예산결산 시스템을 갖고 있어서 수입과 지출이 제대로 기록, 관리되고 있다. 그러나 가계는 어떤가. 확실한 예산결산 시스템이 없고, 있더라도 대부분 지속되기 힘들다.

특히 지출에 대한 계획이나 사후 점검은 거의 이루어지지 않고 있다. 관리되지 않고 있다는 뜻이다. 관리되지 않으면 낭비된다. 소중한 수입을 낭비하고 싶지 않는다면 기록해야 된다. 즉 기록은 돈 관리다.

또한 기록은 아이디어를 관리한다. GE의 전 회장 잭 웰치는 식사 도중에 생각난 아이디어를 냅킨에 적을 정도로 메모광이라고 한다. 초기 GE의 구조조정도 부인과 식사 중에 냅킨에 적은 작은 메모가 근간이 되었다는 얘기도 있을 정도다. 그래서 그는 아무리 작은 것이라도 놓치지 말고 메모하는 습관을 기르라고 말했다. 좋은 발상과 참신한 아이디어도 기록해 두지 않으면 희미해지고 왜곡되어 버린다. 메모하는 습관은 기록을 낙기는 습관이다.

기록은 정보 관리다. 정보 과잉 시대라지만 정작 쓸모 있는 정보는 늘 부족하다. 당신에게 필요한 정보가 쓰레기 정보 더미 속에 묻혀서 사장되지 않으려면 항상 기록해서 관리해야 한다. 기존에 기록해 둔 정보와 함께 새로 들어온 정보들 중에서 필요한 것은 반드시 기록해 둬야 한다. 왜냐하면 새로 들어온 정보의 60%는 1시간 내에 잊혀지기 때문이다. 또한 분 단위로 새로운 정보들이 계속 업데이트 되면서 정작 의미있고 필요한 정보들은 밑으로 가라앉아 버린다. 그러면 찾고 싶어도 찾을 수가 없게 된다.

이렇듯 관리의 기본이자 시작은 기록이다. 자신에 대해 기록하면 자기 관리요, 사람들을 기록하면 인맥관리이고, 고객을 기록하면 고객 관리다.

기억하지 말고 기록하라

미국 가정의 냉장고 문에는 각종 메모와 정보가 빼곡하게 붙어 있다. 그것도 부족해서 소형 칠판을 벽에 걸어 둔 가정도 많다고 한다. 일본은 초등학교 때부터 쓰기 훈련을 시키고 주부들도 일기를 쓰는 사람들이 많다고 한다. 그래서 혹자는 일본의 문화를 메모 문화라고까지 한다.

우리의 가정은 어떤가? 부엌의 벽과 냉장고 문은 항상 깨끗하다. 냉장고 속에 무엇이 들어 있는지, 일상의 중요하고 많은 정보들은 기록되어 있지 않다. 대부분 기록 대신 머릿속에 기억해 두려고 한다. 이렇게 많은 정보들을 기억하려니 얼마나 스트레스를 받겠는가? 그리고 머릿속에 저장된 기억들이 싱싱하게 유지되어 필요한 때에 유용하게 쓰일 수 있겠는가?

이젠 머릿속 기억의 공간을 비우자. 필요한 정보는 필요할 때 꺼내 쓸 수 있도록 기록의 창고에 보관하고, 비워진 기억의 공간은 창의력과 상상력의 놀이터로 만들어 주자. 사실 대부분의 기억은 과거의 부정적인 것들로 채워져 있다. 그래서 온갖 잡념과 번뇌를 일으킨다. 긍정적이고 소중한 기억들도 마찬가지다. 창의적 사고와 기발한 상상력의 소유자가 되고 싶다면 우선 머릿속의 자질구레한 기억부터 종이 위에 기록해 두어야 한다. 그리고 머릿속을 깨끗하게 비워 버려라.

나의 기록 창고 만들기

기록할 곳 (기록장)	기록할 것들 (기록물)
예)	
- 메모지	
- 노트	
- 칠판	
- 책상앞 벽	
- 식탁 유리판 속	

마음이 두뇌를 지배한다

베트남 출신의 틱 낫한 스님은 『화』라는 책에서 마음을 이렇게 표현했다. '우리의 마음은 밭이다. 이 밭 속에 기쁨, 사랑, 즐거움, 희망 같은 긍정의 씨앗이 있는가 하면 미움, 절망, 좌절, 시기, 두려움 같은 부정의 씨앗도 뿌려져 있다. 어떤 씨앗에 물을 줘 꽃을 피울지는 전적으로 자신에게 달렸다.'

그는 마음을 통해 삶을 바꿀 수 있는 힘이 전적으로 자신에게 있음을 주장한 것이다. 대부분의 사람들은 마음과 두뇌 활동이 별개의 것이라고 생각한다. 하지만 스트레스 같은 부정적 감정이 병을 일으키고 두뇌 발전을 저해한다는 사실이 과학적으로 증명되면서 마음과 뇌 활동이 긴밀하게 연결되어 있음을 깨달았다. 그래서 21세기 최대의 화두가 '마음'이 되었다.

마음에 관한 책들이 쏟아져 나오고 마음과 관련된 산업이 하루가 다르게 생겨나고 있다. 최근 들어서는 몸과 마음의 건강을 추구하는 웰빙족이 늘고 있다. 웰빙은 물질적 가치보다 자연, 건강, 마음의 평화 등 정신적 가치를 추구하는 라이프스타일이다. 개인 생활의 영역은 물론이요, 산업의 영역으로 마음이 부가가치 창출의 핵심으로 떠오르고 있는 것이다. 이제 자신의 마음을 어떻게 경영하고 타인의 마음을 어떻게 움직이느냐가 성공과 행복의 가장 중요한 요소가 되었다.

이제 우리는 마음이 무엇인지를 알고 마음의 힘을 인식해야 한다. 마음은 사람을 천당으로도, 지옥으로도 가게 할 수 있는 강력한 힘을 가지고 있다. 그래서 밀턴은 '마음은 스스로 천국을 지옥으로 만들고, 지옥을 천국으로도 만든다'라고 말했다.

마음의 힘이 얼마나 강력한지를 알려주는 중요한 연구가 있다. '마음의 힘'에 대한 연구에 의하면 사람이 숨을 쉬면서 토해 낸 가스를 고체화했을 때, 화가 난 상태에서 나오는 고체물의 색은 밤색이라고 한다. 그것을 쥐에게 먹였더니 즉사했다고 한다. 마음속에 화가 가득하고 자주 화를 내는 사람은 입으로 독가스를 품어 내고 있는 셈이다.

화가 난 사람이 하루 동안 토해 내는 독기위 고체물은 80명의 생명을 앗아갈 수 있는 양의 무서운 독약이라는 얘기도 있다. 이 독가스를 품어 내는 사람은 자신은 물론 주위 사람들에게까지 나쁜 영향을 미치게 된다. 즉 마음의 화가 사람을 죽일 수도 있다는 말이 진실이라는 것이다.

반면에 마음이 즐거우면 우리 몸의 세포도 즐거워져서 세포 기능이 활성화되고 신진대사도 잘 된다고 한다. 일본 쓰쿠바대학의 무라카미 가즈오 교수는 "마음의 의지에 따라 생명체의 설계도인 DNA도 변한다."는 학설을 발표한 적이 있다. 또한 다른 연구에 의하면 사람의 몸은 계속 변한다고 한다. 피부 세포는 1주일 동안에 거의 교체되고, 위장은 5일 간에, 간은 6주 만에, 뼈 세포는 3개월 만에 교체된다는 연구 결과가 있었다. 즉 1년 내에 몸의 세포 중 98%가 새로운 것으로 교체된다는 의미다.

따라서 새롭게 교체되는 세포가 양질의 것일수록 건강에 좋은 것이다. 마음 상태에 따라 새로 만들어지는 세포의 질이 결정된다면 당신은 어떤 선택을 하겠는가? 즐거운 마음으로 양질의 세포로 교체하겠는가, 화난 마음으로 독성 물질이 가득한 저질의 세포로 교체하겠는가?

이렇게 마음의 힘은 우리의 생각보다 훨씬 강력하고 대단하다. 마음을 어떻게 쓰느냐에 따라 행복과 성공, 불행과 실패가 결정된다. 지금까지는 두뇌 계발에만 온 힘을 집중했다면 이제부터는 마음 계발에 관심을 두어야 한다. 21세기엔 두뇌 사용법보다 마음 사용법이 더 중요해진 것이다.

마음 상태에 따라 두뇌 활동, 특히 창의력이나 상상력은 크게 좌우된다. 우울한 마음 상태는 부정적인 생각과 불필요한 상상만 가져다 준다. 하지만 밝고 즐거운 마음은 긍정적이고 새로운 아이디어를 계속 만들어 낸다.

마음의 힘을 인정한다면 남은 것은 자신의 마음을 잘 관리하고 경영하는 일이다. 이것을 마음 경영이라고 한다. 마음 경영을 통해 자신의 성공과 행복을 추구하고, 다른 사람들에게도 좋은 영향을 줄 수 있는 방향으로 마음 자원을 집중시켜야 한다.

마음 경영

누구에게나 주어진 '마음'이란 자원을 제대로 인식하고, 발견하고, 육성하기 위해선 마음에 대한 경영 마인드가 필요하다. 마음을 관리하는 차원을 넘어서 마음을 경영하는 방법을 찾아 보자.

첫째, 마음을 계발하라.

성공학자인 나폴레온 힐은 "황금은 땅속보다 인간의 마음속에서 더 많이 채굴된다"라고 말했다. 누구든 마음속에 엄청난 자원을 가지고 있다. 문제는 그 자원을 인식하지도 못한 채 인생을 낭비하고 있는 사람이 많다는 데 있다. 자신이 가진 마음의 힘을 인식하라. 그리고 그 힘을 키워라. 명상과 수행은 곧 마음의 힘을 키우는 최선의 행위다.

둘째, 마음을 잘 먹어라.

'인생은 마음먹기에 달렸다' 는 얘기가 있다. 어떤 마음을 먹느냐에 따라서 태도가 달라지고, 태도에 따라서 행동이 달라지고, 행동에 따라서 인생이 달라진다. 건강한 몸을 위해 먹는 것에 관심을 갖는 웰빙 시대이다. 진정한 웰빙은 입으로 먹는 것뿐만 아니라 마음으로 먹는 것도 잘 먹어야 된다. 마음 건강에 좋은 먹을거리는 좋은 책보기, 긍정적인 사람 만나기, 명상과 기도, 가벼운 운동, 감정 이입, 잘 웃기 등 쉽게 할 수 있는 것들이 많다. 마음에 좋은 긍정적인 먹을거리를 찾아 먹고, 마음을 괴롭히고 어둡게 하는 부정적인 먹을거리는 될 수 있는 한 멀리해야 한다. 마음을 잘못 먹으면 마음의 건강상태가 위태로워진다.

셋째, 마음을 잘 써라.

인간의 마음은 거의 같다. 왕의 마음도 거지의 마음도, 성공자의 마음도 실패한 사람의 마음도, 어른도 아이도 모두 비슷하다. 문제는 어떻게 쓰느냐에 따라 달라진다. 마음을 잘 쓰면 정신력이 높아지고, 잘못 쓰면 온전한 사람의 정신도 한순간에 파괴된다. 마음을 쓰는 태도가 마음씨다. 마음씨가 좋아야 건강한 마음이 만들어지고, 건강한 마음을 가져야 건강한 인생을 살 수 있다. 마음에 좋은 씨를 뿌려 건강한 마음이 쑥쑥 자라게 하고, 그렇게 자란 건강한 마음을 잘 활용해야 한다. 솜씨와 말씨도 중요하지만 마음씨는 더욱 중요하다.

넷째, 당신의 마음을 지배하라.

'인체의 모든 기관은 마음에 따라 좌우된다. 사람의 마음은 보고, 듣고, 걷고, 서고, 기뻐하며 굳어지고, 부드러워지고, 좌절하고, 설득당하고, 사랑하고, 미워하고 반성한다. 따라서 가장 강한 인간은 그 마음을 지배할 수 있는 인간이다.'

탈무드에 나오는 얘기다. 이 세상에서 가장 강한 사람은 자신의 마음을 지배하는 사람이다. 세상을 다스리거나 타인을 움직이려면 먼저 자신의 마음을 스스로 지배할 수 있어야 한다. 이것이 자기 관리의 핵심이다.

다섯째, 정기적으로 당신의 마음 상태를 점검하라.

지금 당신이 무력감에 젖어 있다면 그것은 당신의 마음 상태가 그렇다는 것이다. 따라서 마음 상태를 개선해야 무력감에서 벗어날 수 있다. 하버드 의대 허버트 벤슨 교수는 '모든 질병의 80%는 마음에서 온다' 고 주장했다. 그만큼 마음의 힘이 감정의 차원을 넘어 몸의 건강까지 지배한다는 것이다. 따라서 정기적으로 건강 검진을 받듯이, 정기적으로 당신의 마음 상태를 진단해야 한다.

그리고 마음의 상태를 개선하라. 마음 상태를 개선하는 데도 몸의 상태를 개선하는 것처럼 많은 노력과 훈련이 필요하다. 무엇보다 마음 공부가 필요하다.

03

절제력
세 번째 영향력

회복탄력성(resilience)은 역경을 이겨 내는 긍정적인 힘을 말하는데, 회복탄력성지수(RQ, resilience quotient)를 통해 감정통제력, 충동통제력, 낙관성, 원인분석력, 공감능력, 자기효능감 및 적극적 도전성을 알 수 있다.

 **자신에게 해당되는 항목에 체크를 하시오**

아래 설문을 읽고 전혀 아니다 1점, 대체로 아니다 2점, 보통이다 3점, 대체로 그렇다 4점, 매우 그렇다 5점으로 계산한다.

01 어려운 일이 생겼을 때 내 감정을 통제할 수 있다.

02 당장 해야 할 일을 방해하는 일이 생겨도 무시하고 일을 잘해낼 수 있다.

03 설령 그렇지 않더라도, 일단 내가 문제를 해결할 수 있다고 믿는 편이 더 낫다.

04 문제가 생기면 여러 가지 해결 방안들에 대해 생각한 뒤에 해결하려고 노력한다.

05 사람들의 얼굴 표정을 보면 어떤 감정인지 알 수 있다.

06 첫 번째 해결책이 효과가 없으면 효과가 있는 다른 것을 찾아낼 때까지 계속 여러 해결책을 생각해본다.

07 나는 호기심이 많다.

08 내가 무슨 생각을 하는지, 또 나의 생각이 내 기분에 어떤 영향을 미치는지

잘 알아챈다.

09　나는 문제가 생길 때 처음 떠오르는 생각들이 무엇인지 안다.

10　누가 어떤 문제에 대해 과잉반응을 보이면 나는 그 사람이 그날 우연히
기분이 나빠서 그런 거라고 생각하는 편이다.

11　문제가 생기면 그 이유가 무엇인지 신중하게 생각한 뒤에 문제를
해결하려고 노력한다.

12　슬퍼하거나 화를 내거나 당황하는 사람을 보면 그들이 어떤 생각을
하는지 잘 알 수 있다.

13　나는 내가 대부분의 일을 잘해낼 것이라고 생각한다.

14　나는 새로운 것들을 좋아하는 편이다.

[채점 방법]

답변의 수치를 합한 것이 자신의 회복탄력성 지수이다.

이번 설문에서 회복탄력성 지수 만점은 70점이며, 회복탄력성 지수의 평균 수준은 46점이다. 52점 이상이면 상위 20%, 55점 이상이면 상위 10%로, 대단히 높은 회복탄력성을 지녔다고 볼 수 있다. 41점 이하의 지수를 받은 사람은 하위 30% 수준으로, 회복탄력성을 높이기 위해 꾸준히 노력할 필요가 있다

나는 주인인가, 노예인가?

나는 누구일까요?

나는 당신의 영원한 동반자입니다.

나는 또한 당신의 가장 훌륭한 협력자일수도 있으며

가장 무거운 짐이 될 수도 있습니다.

나는 당신을 성공으로 이끌기도 하고 실패로 이끌기도 합니다.

나는 전적으로 당신이 하는 대로 그저 따라합니다.

그렇지만 당신 행동의 90%는 나에 의해 좌우됩니다.

나는 당신의 행동을 빠르고 정확하게 따라 합니다.

나에겐 그것이 매우 쉬운 일입니다.

당신이 하는 행동을 몇 번 보고 나면

자동적으로 그 일을 할 수 있게 됩니다.

나는 위대한 사람들의 하인이자,

모든 실패한 사람들의 주인이기도 합니다.

나는 인공지능기계처럼 정밀하지만 그렇다고 기계는 아닙니다.

당신은 나를 당신의 성공을 위해 사용할 수도 있고,

당신의 실패를 위해 사용할 수도 있습니다.

그것은 나와는 아무런 관계가 없습니다.

나를 착취하십시오.

나를 훈련시키십시오.

그리고 나를 확실하게 당신의 것으로 만든다면

나는 당신의 발 앞에 이 세상을 가져다줄 것입니다.

—지그 지글러의 『시도하지 않으면 아무것도 할 수 없다』 중에서

삶의 질을 결정하는 것은 하나의 행동이 아니다. 그것은 행동의 연속, 즉 습관이다. 한 번의 운동이나 한 번의 저축은 건강과 부를 가져다줄 수 없다. 하지만 습관적인 운동이나 저축은 건강과 부를 확실하게 가져다준다. 습관의 결과는 좋든 나쁘든 언젠가는 반드시 돌아온다. 그래서 미래의 결과를 생각한 뒤 오늘의 행동을 선택하고 좋은 습관을 만들어야 한다. 성공한 사람은 성공 습관에 따라서 성공했고, 부자는 부자 습관에 따라서 부자가 된 것이다.

행복도 그렇다. E. 하버드는 '행복은 일종의 습관이다. 그 습관을 길러라"라고 조언했다. 당신이 만약 가난하다면 상당 부문 잘못된 습관의 결과다. 낭비 습관, 미루는 습관은 반드시 대가를 요구한다. 지금 당신의 경제적 상태는 결국 돈을 다루는 나쁜 습관의 결과인 것이다.

부정적인 결과를 긍정적인 결과로 바꾸는 것은 간단하다. 습관만 바꾸면 된다. 문제는 이 간단한 것이 그리 쉽지만은 않다는 데 있다. 오래된 습관을 바꾸기 어려운 이유는 변화가 불편하기 때문이다. 변화에 엄청난 노력과 인내와 시간이 필요하다. 그래서 나중에

일어날 부정적인 결과를 뻔히 알면서도 몸에 익은 편한 방식대로 하는 사람들이 얼마나 많은가! 기존 방식이 지금 당장 편하기 때문에 늘 오늘까지만 편하고 싶고, 이번 달까지만, 올해까지만 미루다가 점점 더 잘못된 습관의 노예가 된다.

주변에 오늘까지만 담배를 피우겠다는 사람들을 흔히 볼 수 있다. 그들은 누구보다 담배의 비참한 결과를 잘 알고 있다. 그래서 금연의 필요성을 느끼고, 끊겠다고 호언장담을 하기도 한다. 그러나 언제나 입으로만 되뇌일 뿐이다. 운동의 중요성도 잘 알고 있지만 대부분은 내일부터 시작하겠다고 결심만 할 뿐이다. 어떤 사람은 다음 달부터는 반드시 일정액을 저축하겠다고 결심한다. '오늘까지만', '내일부터', '다음부터' 같은 단어는 나쁜 습관과 친한 대표적인 말들이다. 사실 나쁜 습관의 결과는 쉽게 나타나지 않는다. 당장 나쁜 결과가 나타나지 않기 때문에 당장 고치지 않는 것이다. 그러나 명심해야 한다. 나쁜 습관의 결과는 미래에 언젠가는, 반드시 나타나서 대가를 요구한다는 것을.

습관 파괴, 습관 창조

습관을 바꾸는 것은 미래를 바꾸는 것이다. 미래를 바꾸는 것은 인생을 바꾸는 중대한 작업이다. 이 작업은 항상 지금 당장 시작해야 한다. 그렇지 않으면 작업 성과를 보장 받을 수 없다. 이 작업은 항상 조건 없이 시작되어야 한다. 조건을 붙이면 이 작업은 시작이 불가능해진다.

그리고 이 작업의 주연은 자신이어야 한다. 조연으로는 원하는 결과를 기대할 수 없다. 우선 당신의 습관을 파괴하라.

파괴해야 할 자신의 나쁜 습관을 종이 위에 기록해 보자. 그리고 자신에게 필요한 좋은 습관들을 기록해보자.

부자가 되길 바라는가? 그렇다면 파괴해야 할 습관은 무엇이고, 창조해야 할 습관은 무엇인가?

건강하길 바라는가? 그렇다면 어떤 습관을 파괴하고, 어떤 습관을 창조해야 될까? 정답은 당신이 더 잘 알 것이다.

또 유념해야 할 중요한 것이 있다. 새로운 습관은 언제든지 낡은 습관으로 되돌아갈 잠재성이 크다는 점이다. 따라서 새로운 습관이 내 몸에 정착할 수 있도록 항상 유의해야 한다. 일반적으로 나쁜 습관들은 지금 내 혀를 달게 하고, 지금 나를 편하게 해주는 것이다. 반면 좋은 습관들은 지금 당장은 나에게 고통과 헌신과 인내를 요구한다.

지금의 고통과 헌신과 인내 없이 남다른 미래, 성공한 미래를 꿈꿀 수는 없다. 좋은 습관을 찾아내어 기르는 것은 성공과 행복의 사다리를 오르는 것과 같다. 사다리를 오르는 데 힘이 드는 것은 당연하다. 성공과 행복의 사다리 오르기를 취미로 만들어라. 그러면 힘이 드는 일도 즐거움이 될 수 있다.

취미가 등산인 사람들은 어려운 산을 올라도 힘이 덜 든다. 그들은 다른 사람들의 명령 없이도 산을 오르고, 때로는 위험을 무릅쓴 산행을 하며, 그 과정에서 인생의 의미를 찾는다. 산을 오르며 느끼

는 힘든 고통보다 산 정상을 꿈꾸는 희망과 즐거움이 크기에 그들
은 취미 생활을 한다.

좋은 습관을 찾아내고 기르는 것을 당신의 취미로 만들어 보면 어
떨까? 일이 취미고, 저축이 취미고, 운동이 취미고, 자기 규율이 취
미라면 당신의 미래는 자유로울 것이다. 자유를 위해 취미를 계발
하고 육성하라. 이것이 '습관 경영' 이다.

자유롭고 싶다면 먼저 절제를 배워야 한다

베스트셀러『마시멜로 이야기』의 저자 호아킴 데 포사다는
한 인터뷰에서 성공의 가장 중요한 요소는 삶에서 가장 중요한 원
칙인 자기억제(self-discipline)의 중요성을 알고 이를 실천하는
것이라고 말했다.

"심리학자는 실험에 참여한 600명의 아동들에게 '15분 동안 마시
멜로를 먹지 않고 기다리면 더 받을 수 있지만, 먹어 버리면 아무것
도 얻을 수 없다고 말했다. 대부분의 아이들은 이 지시를 못 참고 바
로 먹어 버렸다. 그러나 일부는 눈을 가리기도 하고, 마시멜로에 손
을 대지 않고 냄새만 맡으면서 필사적으로 버티는 데 성공했다. 아
이들의 나이는 겨우 4세였다. 이 아이들을 50년 후 추적해 본 결과
그 때 마시멜로를 15분 동안 먹지 않고 참았던 아이들 모두가 성공
했다."

톨스토이는 '자유롭고 싶다면 자신의 욕망을 억제하고, 자신을

훈련시켜야 한다'고 주장했다. 억제하는 것도 절제요, 훈련하는 것도 절제다. 나쁜 습관을 파괴하고 좋은 습관을 몸에 익히기 어려운 이유는 바로 이 절제가 부족하기 때문이다. 힘들어도 참고, 편해지고 싶은 욕망을 절제하는 것을 익히면 습관을 바꾸는 게 쉬워진다. 즉 절제를 익히면 자유를 얻을 수 있다는 말이다.

서양에서는 의사를 부르기 전에 먼저 휴식, 즐거움, 절제를 의사로 삼으라는 격언도 있다. 절제는 몸에도 건강과 자유를 준다.

모든 동물은 며칠을 굶겼다가 먹이를 주어도 위를 가득 채우는 법이 없다고 한다. 대식가의 대명사인 돼지조차도 위의 80%를 채우면 더 이상 먹지 않는다. 500년을 산다는 학은 위의 5분의 1만 채운다고 한다. 오직 인간만이 입맛을 충족시키기 위해 위를 가득 채우고 사는 셈이다.

정신의학자인 존 레도는 "규율은 그 자체로서 고통을 주지만, 그 고통은 일시적일 뿐이고 그것을 통한 성장은 영구적이다"라고 말했다. 규율을 지키기 위해서는 자기 절제가 필수다. 절제력의 사전적 의미는 '자기 자신의 욕망을 억제하고 균형을 지킬 수 있는 능력'을 의미한다.

사실 절제는 힘들다. 그러나 절제의 시기를 견디면 그 대가는 오랫동안 당신의 인생을 행복하게 만들어 준다. 특히 소비를 미덕으로 여기는 21세기에 절제할 줄 아는 힘은 그 어느 때보다 중요하다. 절제되지 않는 소비생활은 경제적 파탄을 가져온다.

신용불량자가 수백만 명을 넘는 현실은 현대사회가 절제하기 힘든 소비의 시대이고, 먼저 쓰고 나중에 갚는 부채의 시대임을 증명하는 것이다. 모아두지 않은 돈은 안 써야 한다. 혹시 먼저 써야 될 돈이라면 반드시 갚을 수 있을 만큼 써야 한다. 이렇게 하기 위해선 자기 절제와 자기 규율이 반드시 필요하다.

자기 규율과 규칙

조선 후기 거상 임상옥의 일생을 다룬 최인호의 소설 『상도』에는 우명옥이란 인물이 나온다. 스님이 되기 전 젊은 시절의 우명옥은 술과 여자, 쾌락에 빠져 살았다. 그러나 명예나 소유, 집착 등 모든 세속적인 것들을 맛보고 나서 고통의 근원이 모든 것을 가득 채우려는 욕망에서 비롯된 것임을 깨닫게 된다.

우명옥은 계영배(戒盈盃)란 잔을 만들었는데, 그것은 '가득 채움'을 경계하기 위해 잔의 7할이 넘으면 술이 없어져 버리는 특별한 잔이다. 공자는 속이 비면 기울고, 적당하게 물이 차면 바로 서고, 가득 차면 엎질러지는 '유좌지기(宥坐之器)'라는 그릇을 늘 곁에 두고 '마음을 적당히 가지라는 뜻'을 항상 되새겼다고 한다.

사람은 무엇이든 가득 채우려고 한다. 특히 부와 명예, 쾌락에 대한 끝없는 추구는 거의 병적이다. 오르면 더 오르고 싶고, 가지면 더 가지고 싶고, 욕망과 즐거움을 충족시키려고 더 새로운 것들을 추구한다. 항상 더… 더…를 추구하다가 마침내 나락으로 떨어지게 된다.

이런 진실을 알면서도 사람들은 '더'의 함정에 빠져들고 만다. 그래서 필요한 것이 자기 규율이다. 그리고 자기 규율을 위해 만들고 지켜야 할 것이 스스로의 규칙이다.

인간의 마음에는 규격화된 프로그램이 없다. 하드웨어만 있고 생각의 규칙인 소프트웨어가 없는 셈이다. 각자가 자신의 생각 프로그램을 만들어야 한다. 그중에서 특히 중요한 것이 지켜야 할 규칙을 만드는 것이다. '유좌지기'와 '계영배'처럼 당신만의 자기 규율 프로그램을 만들어야 한다. 하고 싶은 것을 참는 규칙이 필요하고, 하기 싫은 것을 하는 규칙이 필요하다. 그리고 그 프로그램에 따라 구체적인 규칙을 정하고, 규칙을 지키는 삶을 살아야 한다. 이 규칙을 지키며 스스로를 절제한 자제력이 어느 정도인가에 따라 당신 인생의 보상이 결정된다.

보상을 바라는가? 그렇다면 바라는 만큼 절제하고 있는가? 처음부터 절제력을 타고난 사람은 없다. 당신에게 이롭지만 하기 싫은 것들을 참고, 하려고 노력하고, 마음을 훈련시키면 어느 순간 하기 싫었던 것들에 대한 거부감이 줄어들게 된다. 당신에겐 해롭지만 하고 싶은 것들은 참는 노력을 반복하다 보면 자기도 모르는 사이에 '해롭지만 하고 싶은 욕망'에서 벗어날 수 있게 된다. 이렇게 절제력은 연습을 통해서 길러지는 힘이다.

근육을 단련하듯이 절제력을 키워라. 절제력이 커지면 당신 인생은 여러 분야에서 자유로워진다. 낭비를 절제하고 규칙적으로 저축과 투자를 하면 경제적 자유를 얻게 된다. 지나친 쾌락과 안락함을 절제하고 규칙적인 식사와 운동을 하면 신체적 자유를 얻게 된다. 욕심을 절제하고 생각의 프로그램을 만들고 따르면 스트레스로부

터 자유를 얻게 된다. 자유로운 사람이 진정한 부자다. 이런 부자가
행복하다.

경주 최 부잣집 300년 부의 비밀

부자는 3대를 못 간다는 말이 있다. 최근에는 3대가 아니라 2
대도 못 가고 당대에 빈털털이가 되는 부자들도 많다. 가장 큰 이유
는 소비와 욕심을 절제하지 못하기 때문이다. 먹는 것을 절제하면
건강과 장수를 함께 누릴 수 있다는 것은 상식이다. 이렇듯 오래 가
려면 절제할 줄 알아야 한다.

절제와 규칙을 통해 15대에 걸쳐 300년 간 부를 유지해 온 비결을
다룬 책이 있다. 전진문 박사가 쓴 『경주 최 부잣집 300년 부의 비
밀』이란 책이다. 이 책에 밝혀진 경주 최 부잣집 300년 부의 비밀을
자세히 살펴보면 한결같이 절제, 절제, 절제를 강조하고 있다.

더욱 중요한 것은 이 절제를 기초로 스스로가 규칙을 만들어서 반
드시 지켰다는 점이다. 나라에서 정한 것도 백성들이 요구했던 것
도 아니다. 스스로를 규율하기 위해 자발적으로 만들어서 지킨 규
칙들이다.

〈경주 최 부잣집의 가훈〉

첫째, 과거를 보되 진사 이상은 하지 마라.

둘째, 재산은 만 석 이상 지니지 마라.

셋째, 과객을 후하게 대접하라.

넷째, 흉년에는 땅을 사지 마라.

다섯째, 며느리들은 시집온 후 3년 동안 무명 옷을 입어라.

여섯째, 사방 백 리 안에 굶어 죽는 사람이 없게 하라.

인내의 기적

그가 글을 쓰기 시작한 것은 대학을 그만두고 해안경비대에 입대한 1939년부터였다. 여러 출판사로부터 8년 동안 무려 100통이 넘는 불합격 통보를 받았지만 작가의 꿈을 포기하지 않았다. 20년 동안의 군 생활을 마치고 전역한 뒤 뉴욕의 지하 셋방에서 하루 16시간씩 글을 썼다. 그리고 마침내 『말콤X의 자서전』이 출간되어 5백만 부가 팔리면서 유명 작가의 반열에 올랐다. 하지만 그는 승리를 자축하며 파티를 즐기지 않고 새로운 작품 구상에 들어갔다. 외롭고 힘든 작업이지만 그는 머릿속에 떠오른 영감들을 원고지에 옮기기 위해 피나는 노력을 기울였다. 그 결과 1976년 그의 나이 56세 때 세계적인 베스트셀러인 『뿌리』가 탄생했다. 『뿌리』의 저자, 알렉스 헤일리는 12년 동안이나 이 대작을 쓰기 위해 모든 것을 인내하고 작품의 탄생을 위해 노력했다.

인내의 위대한 결과는 넬슨 만델라한테서도 찾을 수 있다. 넬슨 만델라는 44세 때 종신형을 받고, 72세 때 석방되기까지 무려 30년 가까운 인고의 세월을 보내야 했다. 그 혹독한 세월을 견뎌냈기에 마침내 남아프리카공화국의 대통령이 되었고, 노벨상을 받았으며 세계가 존경하는 사람이 될 수 있었다.

인내는 어렵다. 더구나 오래 인내하는 것은 더욱 어렵다. 그러나 인내의 대가는 크다. 오래 인내하는 것의 대가는 상상을 초월할 정도로 크다. 세계적인 대작 속에는 언제나 작가의 피나는 인내가 숨어 있다. 큰 사람은 많이, 오래 인내한 사람이다. 큰 것을 바란다면 우선 인내하는 훈련부터 해야 한다.

10년을 인내하면 무엇이든 가능하다

농부가 대나무를 심어 놓고 기다렸다. 첫해에는 아무것도 올라오지 않았다. 둘째 해에도 아무것도 보이지 않았다. 셋째 해에도, 넷째 해에도 상황은 마찬가지였다. 다섯째 해가 되는 무렵, 마침내 작은 싹이 땅을 뚫고 올라오는 것이 보였다. 그것이 하루에 3센티미터씩 자라기 시작하더니 단 6주 만에 180센티미터 이상 자랐다. 4년이란 긴 시간 동안 땅속의 대나무 뿌리는 깊고 넓게 퍼져 나가서 마침내 5년째가 되던 해 결실을 맺은 것이다. 그리고 5년의 세월을 인내한 농부는 부자가 되었다.

어떤 일을 하든 기다릴 줄 알아야 한다. 많은 사람들이 문이 열리기 전에 쉽게 포기해 버리고는 불가능하다고 말한다. 로버트 하프는 "인내는 불가능을 가능케 하고, 가능한 것을 유망케 하고, 유망한 것을 확실하게 만든다"고 말했다. 또한 라 퐁텐은 "인내는 모든 문을 연다”고 말했다. 참고 기다리면 어떤 문이든 열린다. 사랑의 문도, 성공의 문도, 인내하고 노력하면 언젠가는 열린다.

꾸준히 노력하는 힘을 지구력이라고 한다. 사무엘 존슨은 “위대한 사업을 성취시키는 것은 체력이 아니라 지구력이다. 하루에 3시간씩 걸으면 7년 후에는 지구를 한 바퀴를 돌 수 있다”고 말했다. 당신도 7년 동안 인내하고 노력하면 지구를 한 바퀴 돌 수 있다.

당신은 자신이 원하는 일에 얼마나 오랫동안 온 힘을 쏟았는가? 7년이면 무엇이든 된다. 그래도 안 되면 10년이면 된다. 10년은 긴 세월이지만, 지나간 10년을 되돌아보면 짧은 시간이다. 만약 과거 10년 동안 무언가에 깊은 열정을 쏟았다면 지금 당신의 모습은 얼마나 달라져 있겠는가? 아쉽고 후회가 되는가? 그렇다면 지금부터 당신이 원하는 것에 정성과 노력을 기울이면 된다. 그러면 10년 후엔 당신의 모습이 달라져 있을 것이다.

한순간이 10년이 된다

불교에서는 우리가 살고 있는 세계를 사바세계라 부른다. 산스크리트어 ‘Saha’에서 유래한 것으로, 의역하면 인토(忍土)를 뜻한다. 즉 ‘참는 땅’이란 뜻인데, 어떤 스님은 이것을 ‘참으면 살만한 땅’이라고 설명했다.

그렇다. 지금 우리가 살고 있는 세상은 참으면 참 살만한 곳이다. 지금의 고통을 참으면 머지않아 보상을 받을 수 있다. 아무리 어려운 일도 조금 더 참으면 풀리고, 마음속에 쌓인 화도 조금만 더 참으면 풀린다.

더 참으면 건강할 수 있고, 조금만 더 참으면 행복할 수 있다. 그런데 이렇게 조금만 더 참는 것이 어렵다. 그래서 참지 못하고 홧김에 충동적인 행동을 저지르고, 결국 그것 때문에 자신을 파괴하고, 다른 사람과의 관계를 파괴하게 된다.

참는 것은 연습이다. 당신의 감정을 조절하는 연습을 해야 한다. 감정 조절 능력은 가장 중요한 자기 관리 능력이다. 자신의 감정을 스스로 조절하지 못하면 파괴적인 인생을 살게 된다. 한순간의 화를 참지 못해서 자신을 파괴하고, 다른 사람을 괴롭히는 경우가 얼마나 많은가? 한순간의 말을 참지 못해서 어려운 상황에 빠진 경우가 얼마나 많은가?

한순간의 고통을 참지 못해서 포기해 버린 기회들이 얼마나 많은가? 한순간의 유혹을 참지 못해서 잘못된 길로 빠져 버린 사람들이 또 얼마나 많은가? 화난 상태나 기분이 나쁜 상태 등 감정 조절이 어려운 순간에는 모든 것을 절제해야 한다. 그런 상태에서는 말을 많이 해서도 안 된다. 그런 상태에서는 중요한 결정을 해서도 안 된다. 그런 상태는 시간이 지나면 분명히 바뀐다. 바뀐 후, 감정의 격류를 지나 평온한 상태가 되었을 때 무언가를 결정하고 말해야 한다. 불안정한 상태가 정상 상태로 바뀌지기까지의 시간은 한순간이다. 이 한순간을 참는 것이 순간관리이고 자기 관리다. 한순간을 참는 것이 인내의 시작이다. 한순간을 참고 견딜 수 있는 사람만이 1년을 참고 견딜 수 있고 10년을 기다릴 수 있다.

한순간들이 모여 하루가 되고, 1년이 되고, 10년이 된다. 지금 어려워도 참아 보라. 금년이 어려워도 참고 기다려 보라. 10년 후는 반드시 달라진다. 달라질 10년을 기대하는 것이 곧 희망이며, 희망을 구체화하면 목표가 되고, 목표가 확실한 사람은 오늘의 어려움을 참고 견디는 인내자가 될 수 있다. 10년은 한순간이다. 한순간을 견디면 멋진 인생이 당신을 반길 것이다.

운동은 자기 관리의 시작이다

조지 부시 전 미국 대통령, 클린턴 전 미국 대통령, 요슈카 피셔 전 독일 외무장관, 토크쇼의 여왕 오프라 윈프리, 중국 전 극가주석 장쩌민, 한국의 스타 경영자들, 이들의 공통점은 무엇일까? 그들은 모두 세계적으로 성공한 유명인사들이다. 그리고 운동을 즐기고 있다는 공통점을 가지고 있다. 이는 무엇을 의미할까? 바로 성공한 사람들은 모두 자신의 생각과 마음뿐만 아니라 몸도 관리하고 있다는 것이다.

운동은 몸매 관리요, 건강 관리요, 자기 관리의 출발점이다. 건강한 몸에 건전한 정신이 깃든다는 점에선 정신 관리의 측면도 있다. 미국의 부시 전 대통령은 비만과의 전쟁을 선포하고, 애국하려면 제발 자기 몸부터 돌보라고 역설했다.

미국의 리더 평가에서는 '몸 관리' 가 주요 지표 중 하나로 알려져 있다. 이렇게 최고의 자리에 오르려면 누구든 자기를 관리해야 한다. 자신이 스스로를 관리하지 못하는 사람은 어쩔 수 없이 타인의 관리를 받게 된다. 그래서 많은 사람들이 비만과 당뇨 고혈압 같은 현대병 때문에 의사의 관리를 받고 있다. 이런 질병의 주요 원인은 잘못된 식습관과 운동 부족이다.

운동의 중요성과 효능은 모두 다 알고 있다. 그런데도 대부분의 사람들은 운동을 주저한다. 바로 게으름 때문이다. 운동을 해야 한다는 걸 알면서도 게으름 때문에 소파에 누워 텔레비전을 보는 걸 택하는 것이다.

몸을 움직이는 걸 귀찮아 하는 게으름을 이기기 위해선 절제력이 필요하다. 건강을 위해선 운동을 해야 한다는 걸 머리로만 알아서는 안 된다. 직접 몸을 움직이는 적극적인 실행력, 게으름을 절제하려는 마음이 필요하다.

운동은 젊음을 유지하는 비결이다

2002년 KBS TV 아침마당에서 매일같이 하루 2시간씩 46년 동안 꾸준히 운동을 해온 72세의 어느 노인이 소개된 적이 있다. 그 노인을 모시고 태릉선수촌에서 신체와 정신 검사를 받았는데 놀랍게도 그의 신체 나이가 20대 중반이라는 결과가 나왔다. 젊음의 비결은 46년 간의 운동이었다.

아테네에 있는 근대식 경기장 '피나 티나이코' 에는 두 개의 얼굴을 가진 헤르마석상이 있다. 이 석상은 젊은이와 노인의 두 얼굴을 가졌는데, 노인의 성기는 발기해 있지만 젊은이의 것은 축 늘어져 있다. 이것이 시사하는 바가 무엇인가? 바로 운동을 열심히 하면 노인도 ‘이렇게’ 될 수 있지만, 운동을 안 하면 젊은이도 ‘이렇게’ 될 수 있다는 의미다. 이렇게 운동은 청년도 노인처럼 만들고, 노인도 청년처럼 만들 수 있다. 왜냐하면 운동이 인간의 몸을 항상 구조적으로 개혁시키기 때문이다.

낡고 오래된 조직은 변화에 적응할 수 없다. 그래서 구조를 바꿔야 한다. 지식과 기술도 시간이 지남에 따라 쓸모없게 변해 간다. 그래서 새로운 지식과 기술로 업그레이드를 해야 한다. 이렇듯 인간의 몸도 시간이 지남에 따라 쓸데없는 과잉과 필요한 것의 결핍 등 문제가 생기기 시작한다. 뱃살은 과잉 상태가 되고 근육은 결핍 상태로 바뀌는 것이다. 그대로 놔두면 갈수록 고장이 심해진다. 그래서 우리 몸도 구조 개혁을 해야 한다.

인간의 몸은 약 60조 개의 세포로 구성되어 있고 매초마다 50만 개가 새로 분열하기 때문에 적어도 3년 이상 꾸준히 운동하고, 절주, 금연 등을 실천하면 전체 세포를 바꿀 수 있다고 학자들은 주장한다.

이 3년은 몸 곳곳의 기름찌꺼기와 담배 니코틴, 혈관과 세포에 나타난 염증과 혈전 등을 씻어 내는 데 걸리는 시간이라고 한다. 세포 전체를 바꿔서 몸을 새롭게 개혁하는 데 3년이 걸린다는 얘기다.

모든 개혁은 힘들다. 하지만 개혁으로부터 얻게 되는 보상은 엄청나게 크다. 소파에서 일어나 운동화를 신고 밖으로 나가는 건 귀찮은 일이다. 하지만 그 게으름을 매 순간 절제하고 운동으로 자신의 몸을 개혁하면 3년 안에 개혁의 열매를 얻을 수 있다. 건강과 젊음이라는 개혁의 열매를 당신도 거둘 수 있다.

운동은 투자다

'운동'은 인생 최고의 투자다. 그리고 '운동을 할 수 있는 것'은 인생 최고의 자본이다. 당신에겐 투자할 수 있는 자본이 있다. 운동할 수 있는 자본을 썩히지 말라. 지금 당장 자신에게 투자하라. 투자 효과는 단기적이면서도 장기적이다.

투자의 수익도 엄청나게 크다. 운동을 하면 당장 기분부터 좋아지고 몸이 가벼워짐을 느낄 수 있다. 시간이 지날수록 효과는 좋아진다. 숙면을 도와주고, 소화 능력을 촉진시켜 주며, 정신을 맑게 해 준다. 근육을 강화시켜 주고, 마음의 근육인 긍정적 마인드를 키워 준다. 장기적으로는 면역력을 강화시켜 질병을 막아 주고, 수명까지 늘려 준다.

마이클 로이진 교수의 『내 몸 사용 설명서』에 의하면 IQ는 10년마다 평균 5%씩 감소한다고 한다. 그런데 일주일에 3번 이상, 45분 이상 걷기 운동을 한 은퇴자들은 IQ가 더 높아졌다는 것이다. 신체 활동이 동맥 기능을 향상시켜 두뇌 기능까지 좋아지게 한 것이다. 가만히 앉아 있는 상태보다 운동할 때 학습 속도가 20%나 더 빨라진다는 주장도 있다.

미국 듀크 대학의 메디컬센터 연구소는 규칙적인 운동이 기억력,

계획력, 조직력, 문제 해결 능력 등을 높이는 데 탁월한 효과가 있음을 발견했다. 규칙적인 운동이 학습 능력, 집중력, 추상적 사고 능력을 15% 이상 향상시킨 것이다. 운동은 정신 건강에 매우 탁월한 효력을 발휘한다. 우울증, 불안장애, 치매 등을 일으키는 병든 뇌를 치료할 수 있는 특효약인 셈이다.

전문가들은 운동이 뇌 안의 혈액 순환을 향상시켜서 스트레스 감소, 사고 능력 증진, 중독 가능성 축소에 효과적이라고 주장한다. 운동이 육체적인 건강은 말할 필요도 없고 정신 건강을 유지시키는 데 결정적인 역할을 한다는 말이다.

2000년대 들어서면서 우울증과 신경과민 증상에 약물 치료와 운동 치료를 병행해 비교한 결과, 운동이 몇몇 약물에 비해 훨씬 나은 결과를 보인다는 연구 결과들이 속속 발표되었다. 하버드 대 정신과 의사 존 래도 "운동은 집중력과 침착성을 높이는 한편 충동성을 낮춰 우울증 치료제인 프로작과 리탈린을 복용한 효과를 가져온다"고 주장했다.

더 놀라운 사실도 있다. 운동이 좋은 품성을 만든다고 한다. 운동이 인간 내면을 자유롭게 해 몸뿐만 아니라 심성까지 맑아지게 한다는 것이다. 운동을 하면 뇌가 긍정적으로 변화하고, 긍정적인 감정은 타인에게 좋은 인상을 주어 좋은 인간관계와 리더십의 원천이 되기도 한다.

행복과 성공에 이르는 가장 확실하고 생산적인 투자가 바로 규칙적이고 꾸준한 운동이다.

운동은 준비다

　　운동은 내일을 위한 준비요, 행복을 위한 준비, 성공을 위한 준비다. 준비해야 얻을 수 있는 것이 인생의 법칙이다. 준비하는 사람은 자기 인생의 주인이 된다. 운동으로 몸의 노예가 아닌 주인이 되어야 한다.

　　지금까지 운동을 게을리 해 온 사람은 충격을 받아야 한다. 운동하는 사람과 그렇지 않는 사람 그리고 운동한 자신과 운동하지 않는 자신을 상상해 보고 인생의 후반전을 다시 계획해야 한다. 지금 당장 운동화를 신고 밖으로 나가야 한다.

　　운동의 첫 번째 법칙은 일단 밖으로 나가는 것이다. 밖으로 나가는 것은 정신적인 문제다. '몸'이 나가기 싫다고 거부할 때 '정신'이나 '마음'이 나가야 된다고 강력히 밀어붙여야 한다. 일단 밖으로 나가면 그 다음은 몸이 알아서 한다. 우선 몸을 달래야 한다. 피곤하더라도 문밖까지만 나가면 된다고 설득해야 한다.

　　한번 밖으로 나간 몸은 곧바로 문 안으로 들어오기를 거부할 것이다. 그때부터는 나갈까 말까가 아니라 걷느냐 뛰느냐가 문제가 된다. 『달리기와 존재』의 저자 조지 쉬한 박사는 "인간은 쉬지 않고 움직여야 하는 운명을 타고났다. 몸이 건강한데 어떻게 마음이 건강하지 않을 수 있겠는가?"라고 외친다. 당신은 지금 어떤 상태인가? 몸을 움직이지 않기 위해서 애를 쓰는 사람인가? 아니면 가능한 한 몸을 움직이기 위해서 노력하는 사람인가?

나의 절제 리스트 적어 보기

1. ____

2. ____

3. ____

4. ____

5. ____

04

소통력
네 번째 영향력

아래 10개의 문항을 읽고 A 또는 B 중 한 가지를 선택한다. 최근 1주일을 기준으로, 너무 오래 생각하지 말고 즉각적으로 답하는 것이 좋다.

자신에게 해당되는 항목에 체크를 하시오

01 업무에 중대한 영향을 끼칠 사고가 터졌을 때 나는

가) 사고의 원인이 무엇인지부터 먼저 생각한다.

나) 사고가 우리에게 어떤 영향을 끼칠 것인지부터 생각한다.

02 후배가 자주 출근 시간에 5분이나 10분씩 늦으면 나는

가) 걱정이 된다고 말한다.

나) 늦지 말라고 충고한다.

03 자기 일만 알고 팀워크는 전혀 모르는 동기에게 나는

가) 너무 이기적인 사람이 되지 말라고 충고한다.

나) 멋진 팀워크의 모범에 대해 이야기를 해준다.

04 동료가 쉬지 않고 자기 이야기만 계속 하고 있다면 나는

가) 주제에서 벗어나지 않게 적절한 질문을 해준다.

나) 인내심을 갖고 이해하려고 애쓴다.

05 누군가 당신에게 동료에 대한 불만을 토로할 때 나는

　가) 나의 경험과 감정을 그와 함께 공유한다.

　나) 관심 있게 듣긴 하지만 나의 의견은 자제한다.

06 A안보다는 B안을 하고 싶다. 그래서 나는 보고서에

　가) 대표적인 이유 3가지를 쓴다.

　나) 가급적이면 상세하게 합당한 이유들을 5가지 이상 쓴다.

07 누군가가 당신에게 업무 방식을 바꾸어 보라고 충고한다면 나는

　가) 고맙다고 말하지만, 해왔던 대로 일을 계속한다.

　나) 충고의 이유를 알아본다.

08 회의 시간에 프레젠테이션을 할 때 나는

　가) 한 사람씩 얼굴을 보며 1대 1로 말한다.

　나) 가장 뒷줄을 보고 이야기한다.

09 친구와 점심 식사를 할 때 나는

　가) 나의 일상에 대한 이야기를 나눈다.

　나) 친구의 근황이나 일상을 둘어본다.

10 원하지 않는 새로운 과제를 맡게 된 동기가 전화를 했다. 나는

　가) 그의 기분이 얼마나 상했는지를 파악하고 그를 이해하려고 한다.

　나) 상황을 해결할 수 있는 방안이 무엇인지 물어본다.

홀수 문항(1, 3, 5, 7, 9번)에서는 나)에 답한 개수의 합을, 짝수 문항(2, 4, 6, 8, 10번)에서는 가)에 답한 개수의 합을 구한다. 그래서 10개 문항에 대한 총합을 구한다.

총합이 4개 이하라면 당신의 커뮤니케이션 능력은 "F"다. 그렇다고 포기해서는 안 된다. 조심스럽지만, 대화를 할 때는 상대방과 소통하려는 의지를 갖고 상대의 말을 경청하려는 노력이 필요하다.

총합이 5개 이상이라면 당신의 커뮤니케이션 능력은 "B"다. 도로에 비유하자면, 당신의 커뮤니케이션 능력은 1차선 도로에서 마주오는 차와 겨우 비껴 가는 정도다. 통행을 못할 정도는 아니지만 불편하다.

따라서 도로 개선이 필요하다. 이를 위해 필요한 것은 '듣기' 능력이다. 조금은 답답하고 이해가 잘 되지 않아도 상대방이 말하고자 하는 바를 적극적으로 들으려는 자세를 가져야 한다. 듣기가 되면 말하기도 쉬워진다. 이것이 시원한 2차선 양방향 도로를 얻는 비법이다.

총합이 7개 이상이라면 당신의 커뮤니케이션 능력은 "A"다. 당신은 상당한 수준의 커뮤니케이터지만, '다른 사람들을 배려하는 커뮤니케이션'을 하기 위한 노력이 필요하다. 이를 위해 당신이 말하고자 하는 바를 상대방의 언어로 재해석하여 표현하는 연습을 해야한다. 예를 들어, "지각하지 마세요"라는 말보다 "5분 빨리 오면 고

맙겠다”라고 말해 보자. 상대방의 입장에서 한번 더 생각해 보는 것
이 핵심이다.

총합이 9개 이상이라면 당신의 커뮤니케이션 능력은 “S”이다. 당
신은 이미 ‘커뮤니케이션은 시소 타기’라는 것을 알고 있다. 재미
있고 신나는 시소 타기를 즐겨라. 단, ‘과유불급’이라는 단어는 잊
지 말기를 바란다.

당신은 세상과 제대로 소통하고 있는가

　현대를 자기 PR의 시대라고 말한다. 겸손이 미덕이라는 말은 낙오자의 변명으로 취급되며 이젠 최대한 자신을 드러내는 것을 미덕으로 여겨야 한다. 패션도 경쟁력이라는 광고 카피가 히트를 치면서 사람들은 어떤 브랜드의 옷을 입었느냐를 가지고 다른 사람을 평가한다. 그래서 명품이 불티나게 팔리고, 좋은 차와 좋은 집으로 자신의 가치를 드러내려고 한다. 하지만 이것은 자기 PR이 아니라 자기 과시다. 자신을 알린다는 것은 자신의 생각과 가치관, 비전을 사람들에게 설명하고 동의를 얻는 것이다.

　그래서 현대 사회에선 커뮤니케이션 능력을 가장 중요한 능력으로 손꼽는다. 자신의 생각을 제대로 표현할 줄 알고, 다른 사람이 표현하는 것을 정확하게 이해할 줄 아는 능력이야말로 대인관계 능력의 기초다.

　이런 커뮤니케이션 능력이 부족하면 대인관계는 물론 사회생활도 불가능해진다. 아무리 좋은 생각이나 아이디어가 있어도 다른 사람에게 제대로 설명해서 공감을 얻어 내지 못한다면 무슨 소용이 있겠는가.

　자신의 생각을 다른 사람들과 소통하는 방법에는 여러 가지가 있다. 말이나 글, 얼굴 표정, 그림, 춤 등 다양한 방식으로 사람들은 자신의 생각들을 표현한다.

　그중에서도 특히 중요하게 여기는 것이 대중적 소통 수단인 '말' 이다. 대부분의 사람들은 말로 자신의 생각을 표현하고, 다른 사람의 말을 통해 정보나 지식, 생각들을 제공 받는다. 말은 가장 손쉬우면서도 누구나 할 수 있는 대중적 의사소통 수단이다. 그래서일까? 사람들은 말의 가치와 힘을 깨닫지 못하고 함부로 쓴다. 별 생각 없이 말하고, 다른 사람의 말을 제대로 들어 보려고 하지 않는다. 그래서 동서고금의 현자들은 '말'에 대해 무수히 많은 경고와 조언을 해왔다.

당신은 자신의 생각을 말로 잘 표현해서 다른 사람들과 소통하고 있는가? 주로 어떤 단어를 쓰고, 말할 때 어떤 표정과 자세를 취하는가. 당신의 말에 다른 사람은 주로 어떻게 반응하는가. 그리고 다른 사람의 말을 제대로 듣고 이해하고 있는가? 지금까지 의사소통에 별 문제가 없었다고 단순하게 넘길 문제가 아니다. 대충 말하고, 흘려들어도 큰 탈이 없었다고 여긴다면 큰 오산이다. 어쩌면 문제가 있었지만 당신만 모르고 있는지도 모른다. 이제 당신의 커뮤니케이션 능력을 진지하게 점검해 봐야 할 때다.

말의 3가지 힘

'병종구입 화종구출(病從口入 禍從口出)'

진나라의 부현이라는 사람이 '모든 병은 입을 통해 들어오고 모든 화는 입을 통해 나간다' 라는 말을 했다. 유태 격언에도 '물고기는 언제고 입에 낚시가 걸린다. 사람도 역시 입으로 걸리게 된다' 라는 말이 있다. 우리나라에는 '말 한마디로 천 냥 빚을 갚는다' 는 속담이 있다.

이렇게 동서고금의 모든 현자들은 엄청난 재앙이 되기도 하고 큰 축복과 행운이 되기도 하는 말의 힘에 대해 조언해 왔다. 현자들이 말하는 말이 가진 세 가지 힘에 대해 알아보자.

첫째는 각인력이다.

어느 대뇌학자는 뇌세포의 98%가 말의 지배를 받는다고 주장했다.

두 번째는 견인력이다.

말이 뇌에 각인되면 뇌는 척추를 지배하고 척추는 행동을 지배하기 때문에 말이 행동을 이끌게 된다는 것이다.

세 번째는 성취력이다.

전설적인 복서 무하마드 알리는 "내 승리의 반은 주먹이고, 반은 말에 있었다"라고 고백했다. 그는 '나비처럼 날아서 벌처럼 쏘겠다'는 말대로 챔피언의 자리에 올랐다. 케네디경은 어린 존에게 "네 형이 살아있다면 훌륭한 대통령이 되었을 것이다. 그러니 이제 네가 그것을 해야 한다"고 자주 말했다고 한다. 그 말이 존의 뇌에 각인되었고, 각인된 말이 존의 행동을 이끌어서 결국 대통령이 되었던 것이다.

이렇게 말은 강력한 힘을 가진 도구다. 쓰기에 따라 행복과 성공의 도구가 되기도 하고 파괴의 도구가 될 수도 있는 양날의 칼이다. '칼'을 의사가 수술 도구로 쓰면 사람을 살리지만, 강도가 쓰면 사람을 해치게 되는 것과 같다. 따라서 어떤 말을 사용하느냐 하는 것은 삶의 질을 결정할 정도로 중요하다.

'말은 마음의 열쇠다'라는 중국 격언처럼 말로 마음을 열 수도 있고, 마음을 더 굳게 잠글 수도 있다. 또한 '말로 인한 상처는 치료가 어렵다'는 페르시아 속담처럼 잘못된 말은 상대를 다치게 하고, 때로는 조직을 다치게 한다. 영국의 작가 루디아르 키플링은 "말은 인류에 의해 사용된 가장 강력한 약품이다"라고 말했다. 키플링의 말대로 말은 상대의 아픔을 치유할 수 있고, 흩어진 조직을 다시 결속시킬 수 있고, 때로는 인생을 바꿀 수 있다.

이토록 중요한 말을 당신은 얼마나 생각하고 준비해서, 또 얼마나 주의해서 사용하고 있는가?

상대 언어로 소통하기

수년 전에 세계 최고의 경영자로 꼽히는 GE의 전 회장 잭 웰치가 한국에 왔을 때 어느 기자가 "한국의 대기업에서 당신을 CEO로 초빙한다면 제일 먼저 무엇부터 하겠습니까?"라고 물었다. 그때 잭 웰치는 "나는 제일 먼저 한국어를 배우겠다. 그리고 종업원들에게 그들이 회사 발전에 가장 중요한 사람이란 인식을 갖게 하겠다"라고 대답했다.

　한국어를 배운다는 의미는 곧 상대방의 언어를 배우겠다는 뜻이요, 이는 상대방의 언어를 사용해서 서로 소통하겠다는 의미다.

　말은 최고의 소통 수단이다. 사람과 사람 사이에, 조직과 조직 사이에 말이 통해야 관계가 유지된다. 말이 통한다는 것은 서로 함께할 수 있다는 의미요, 서로 나눌 수 있다는 의미다. 가족끼리도 말이 통해야 사랑도, 기쁨도, 슬픔도, 어려움도 함께 나눌 수 있다.

　통하는 말을 사용해야 서로 간에 소통이 원활해진다. 통하는 말을 사용할 줄 아는 것은 곧 상대와 함께할 수 있는 자격이 있다는 말이 된다. 아내나 남편과 얘기할 때 상대방의 언어를 쓰고 있는가? 아이들과 얘기할 때 아이들의 언어를 알고 아이들의 언어를 쓰고 있는가?

　상대의 언어를 알고 상대의 언어를 사용하는 것이 상대의 마음의 문을 열고 마음과 마음을 소통시킬 수 있는 최선의 방법이다. 그래서 석가모니는 "사람을 보고 법을 설파한다"라고 했고, 미디어 전문가 맥루한은 "훌륭한 전달자는 모두 상대의 언어를 사용한다"라고 말했다.

　혹시 누군가와 관계가 좋지 않다면 그것은 당신의 언어만으로 상대와 소통을 시도했다는 것을 의미한다.

　그런데 세상에 자격 없이 말하고 함께하는 경우가 얼마나 많은가? 이것은 면허증 없이 운전하는 것보다 더 위험한 일이다. 노사갈등은 근로자의 언어와 경영자의 언어가 달라 서로를 이해하지 못하고 자신들의 언어로 자신들의 입장만 고집하기 때문이다. 이럴 경우 모두가 피해자가 된다. 모두가 억울해진다. 내 말이 통하지 않아서 답답하고, 상대의 말을 이해할 수 없어서 서로 원망하고, 서로 피해자라고 주장한다.

노사화합을 바라고 부부행복을 바란다면, 또 어떤 누구와도 잘 지내고 싶다면, 우선 상대의 언어를 배워야 한다. 그 다음은 상대의 언어를 이해하려 노력하고, 상대의 언어를 사용해야 한다.

요즘 우리 사회는 온통 영어 교육에 올인 하고 있다. 글로벌 시대에 세계와 소통하기 위해 글로벌 언어인 영어를 배우려는 것이다. 즉 세계와 소통하기 위해 영어를 배우는 것이다. 말이 통해야 무엇이든 할 수 있는 법이다.

가족, 친구, 직장 동료, 연인처럼 가까운 사이일수록 말이 잘 통해야 한다. 지나가는 사람과 말이 통하지 않아도 별로 답답하지 않다. 모르는 사람과 말이 안 통한다고 싸우는 사람이 있는가? 하지만 매일 얼굴을 마주해야 하는 사람과 말이 통하지 않으면 날마다 답답하고 날마다 싸우게 된다. 같은 언어로 소통해서 비전을 공유하고, 상대의 언어를 써서 관계가 좋아지면, 일터에서는 생산성이 올라가고 가정에서는 행복지수가 높아진다.

말에도 화장과 영양분이 필요하다

두 사람이 같은 내용의 연설을 한 뒤 한 사람은 박수와 지지를 받았고, 또 한 사람은 냉혹한 비판에 시달려야 했다. 대체 무엇이 문제였을까. 2009년 6월, 이집트 카이로 대학 연설에서 버락 오바마 미국 대통령은 "미국과 중동 관계의 새 지평을 열었다"며 열렬한 찬사를 받았다. 심지어 팔레스타인 무장파인 하마스까지 '부시와 달랐다' '예의가 넘치는 부드러운 외교를 보여 줬다' 는 호응을 보였다. 그러나 오바마의 연설 내용은 사실 부시와 크게 다르지 않았다. 단지 '부시의 주장을 예술적으로 재포장했다' 고 월스트리트저널은 평가했다.

같은 말이라도 어떤 태도와 어떤 단어를 사용하느냐에 따라서 효과는 엄청나게 다르다. 그래서 같은 내용을 말하고도 결과는 예쁜 오바마와 미운 부시로 확 달라졌다. 이런 점 때문에 『부자 아빠 가난한 아빠』의 저자 로버트 기요사키는 '단어 선택' 에 주의해야 한다고 강조했다.

예쁜 말을 하려면 말에도 화장을 해야 한다. 여성들이 화장하는 데 보통 30분이 걸린다는데, 말에도 화장하는 만큼의 정성이 들어가야 한다. 얼굴은 예쁘게 가꾸었지만 가꾸어지지 않은 거친 말을 쓰는 사람들이 얼마나 많은가?

그리고 말이 잘 자랄 수 있도록 영양분을 공급해야 한다. 제대로 된 말을 하려면 의미만 전달하려고 하지 말고 순화된 감정을 전달할 수 있어야 한다. 전달에 치중하기보다 상대가 제대로 전달 받고, 이해하고, 공감하는 것이 더 중요하다. 그런데 현대인들은 자신의 생각과 말을 상대에게 전달하는 데만 급급하기 때문에 공감은커녕 너무 메말라 있다.

화장한 고운 말, 영양분이 풍부한 성숙한 말은 좋은 말씨가 된다. 말이 씨가 된다고 하지 않았는가. 실제로 말은 사람의 행동에 영향을 미친다. 단순한 생각과 달리 입 밖으로 표현된 말은 강력한 영향력을 발휘한다. 그래서 언어학자들은 똑같은 말을 만 번 정도 반복하면 현실로 이루어진다고 주장한다.

말이 입 안에 있을 때는 내가 말을 지배하지만, 일단 입 밖으로 나오면 말이 나를 지배하게 된다는 의미다. 입 밖으로 나온 말(내가 한 말)이 나의 행동을 지배하고, 나의 행동들이 쌓여 '지금의 내'가 된다. 그래서 자기 자신에게 하는 말도 중요하다. 자기 자신에게 하는 말은 암시와 예언이 되어 자신의 행동과 미래에 엄청난 영향을 미치기 때문이다.

골퍼들을 대상으로 '혼잣말 훈련' 성과를 측정해 봤더니 혼잣말은 불안을 해소하고 자신감과 주의력을 높여 주는 긍정적인 효과를 가져왔다. 생각에 그치지 않고 소리 내어 말하는 것이 태도와 동기 부여에 큰 도움이 된 것이다. 물론 혼잣말의 내용이 긍정적일 경우에 그렇다는 말이다.

만약 "난 안 돼" "난 왜 늘 이 모양이지?" 같은 부정적인 혼잣말을 습관적으로 한다면 심각한 부정적인 결과를 초래할 것이다.

혼잣말이 미치는 영향을 이해하고 이를 정지하거나 방향을 바꿀 기술이 필요하다고 본다. 이렇듯 많은 일들이 말대로 된다면, 당신은 어떤 말을 쓰겠는가?

안 되기를 바라고 안 된다는 말을 쓰는 사람은 없다. 힘들기를 바라고 힘들다는 말을 쓰는 사람은 없다. 그저 습관적으로 그렇게 말할 뿐이다.

말이 나를 지배하게 된다는 사실을 이젠 알고 말해야 한다.

지나친 솔직은 금물

캐나다의 여류작가 도로시 딕스는 인간관계, 특히 부부관계에서 너무 솔직하면 관계가 깨질 수 있다는 독특한 주장을 했다. 그렇다고 정직하지 말라는 얘기가 아니다. 중세의 신학자 토마스 아퀴나스는 남을 해치는 악의의 거짓말, 남을 돕는 이타적 거짓말, 남을 유쾌하게 하기 위한 선의의 거짓말로 구분하며, 악의 아닌 거짓말을 장려했다. 우리나라 속담에도 '거짓말도 잘 하면 오렷논(올해 벼를 심어 놓은 논) 닷 마지기보다 낫다' 는 말이 있다.

세상엔 아름다운 거짓말도 많다. 상대의 마음의 문을 열게 하는 거짓말, 세상 살맛나게 하는 거짓말, 용기를 주는 거짓말 등 신뢰에 기초한 아름다운 거짓말은 관계를 형성하고, 관계가 깊어지고, 관계를 유지하는 데 도움이 된다. 악의의 거짓말이 판치는 세상에 아름다운 이타적 거짓말과 선의의 거짓말이 어느 때보다도 필요하다.

험담은 절대 금물이다. 악의 없는 험담은 없기 때문이다. 유대법에는 '상대에게 꼭 그 정보가 필요하지 않는 한 누구도 부정적 사실을 퍼뜨리는 것은 금지한다' 라는 법이 있다.

『용기를 주는 말, 상처를 주는 말』을 쓴 유대교 랍비 죠셉 텔러슈킨은 '라숀 하-라' 를 경계하라고 말했다. '라숀 하-라' 는 '사실에 근거한 나쁜 말' 이란 뜻이다. 사실이지만 나쁜 말! 당신은 얼마나 이런 말들을 사용하고 있는가?

어떤 도구로 어떻게 소통하느냐가 중요하다

인간은 도구를 사용하는 동물이다. 도구의 발전은 인류 역사의 발전과 궤를 같이한다. 석기 시대에서 청동기를 거쳐 철기 시대로 그리고 철기 시대 이후 계속된 도구의 발전은 인류에게 엄청난 풍요를 가져다주었다. 도구의 발전이 생산성을 증가시켰고 생산성이 높은 나라나 조직, 사람들이 그렇지 못한 나라나 조직, 사람들을 지배해 온 것이 인류의 역사다.

21세기는 정보지식사회이다. 이제는 정보와 지식이 가장 중요한 삶의 도구가 된다는 의미다. 정보 과잉, 지식 과잉 시대에서 정말로 자신에게 필요한 정보를 선별하고 지식을 익혀서 제대로 쓸 줄 아는 능력이 절실해 졌다.

또한 21세기는 스피드가 관건인 시대이다. 많이 갖추고도 속도에서 뒤지면 패배하게 된다. 또 21세기는 국경이 사라지는 세계화 시대다. 세계가 활동 무대다. 따라서 세계에서 활동할 때 필요한 활동무기인 언어(특히 영어와 중국어)를 제대로 갖추고 충분히 활용해야 한다. 그리고 21세기는 현실세계 못지않게 가상세계가 중요해졌다. 가상세계에 접근하고 가상세계에서 활용할 수 있는 도구가 필요하다.

현대는 그 어느 시대보다 많은 도구가 생활 깊은 곳까지 영향을 미치고 있다. 개인도 새로운 도구를 갖추고 쓸 줄 알아야 변화에 적응할 수 있는 시대가 되었다. 그러나 새롭게 등장하는 모든 도구를 갖출 수는 없다. 모두 갖출 필요도 없다. 누구나 갖출 수 있는 평범한 도구라도 제대로 쓸 수 있고 활용할 수 있는 게 중요하다. 즉 자유자재로 능숙하게 사용할 수 있도록 학습되고 훈련된 도구가 얼마나 있느냐가 관건이다.

녹슨 도구와 쓸모없어진 도구는 과감하게 폐기하고 자신에게 필요한 유용한 도구를 열심히 갈고 닦아서 잘 활용하는 능력이 필요하다. 도구는 물론 그것을 사용할 수 있는 능력이야말로 새로운 시대에서 생존하고, 성장할 수 있는 필수요소다.

당신이 가지고 있는 소통의 도구들은 무엇인가. 보이지 않는 무형의 도구부터 일상생활에 쓰이는 사소한 것까지, 당신이 가진 도구들은 수없이 많다. 컴퓨터나 운동기구만이 도구가 아니다. 서재에 꽂혀 있는 책도, 당신이 가진 재산도, 당신이 쓸 수 있는 육체까지도 모두 뭔가를 할 수 있는 당신의 도구다. 혹시 다른 사람과 비교해서 늘 도구 부족을 탓했던 사람이라면 우선 자신의 도구 리스트를 다시 작성해보는 작업이 반드시 필요하다.

물론 시간이 지나면서 폐기해야 될 도구들도 있다. 또한 미래를 위해 새롭게 갖추어야 할 도구들도 있다. 중요한 것은 이미 가지고 있는 것들 중에 그 중요성을 모르고 지내 왔던 도구들에 대한 점검이다.

고려 시대 때 나옹 선사는 우리가 가진 손을 '천 개의 검'을 가진 '천검'이라고 표현했다. 손은 뭔가를 만지고, 부수고, 만드는 연장이다. 손은 하나의 칼이지만 그 쓰임새는 천 개의 칼을 가진 것처럼 다양하다. 음식을 만들고, 씨를 뿌려 농사 짓고, 먹여 주고, 안아 주고, 그림을 그리고, 글씨를 쓰고…. 손이 할 수 있는 일은 천 가지도 넘을 것이다.

당신은 자신의 손으로 주로 무슨 일을 하는지 생각해 본 적이 있는가. 혹시 먹고, 마시고, 즐거움을 위하는 데 자신의 손을 주로 쓰고 있지는 않은가? 천검을 가지고 당신이 할 수 있는 일이 얼마나 많은지 한 번 생각해 보자.

또한 지금 이 순간 당신이 가진 소통의 도구는 무엇이고, 그 도구들을 제대로 사용하고 있는지 점검해 보자.

당신이 가지고 있는 도구의 사용법을 제대로 알고 있는가

옛말에 "도구가 없어서 황폐해진 밭보다 도구를 쓰지 않아 황폐해진 밭이 더 많다"거나 "도구는 써서 닳는 경우보다 쓰지 않아 녹슨 경우가 더 많다"는 말이 있다.

디트로이트 빈민가의 아들로 태어나 세계 제일가는 세일즈 영웅이 된 조 지라드는 그의 세일즈 성공 비법에 대해 이렇게 말했다.

"내가 가진 판매 도구는 아주 흔한 것이다. 그러나 나는 이런 도구들을 제대로 활용함으로써 세계 제일의 세일즈맨이 되었다. 그러므로 지금 가진 도구만 충분히 활용하면 당신도 프로세일즈맨이 될 수 있다."

요즘 세상에 필요한 도구가 없어서 못하는 일은 없다. 오히려 제대로 쓰이지 않는 귀중한 도구들이 너무 많이 널려 있다. 너무 많아서 어떤 때는 자신에게 있는지도 모른 채 또 사는 경우도 있다. 혹시 당신도 값비싼 운동기구를 신용카드 할부로 구입하고 빨래 걸이로 사용하고 있지는 않는가? 쓰지 않는 운동기구는 비싼 고물일 뿐이다. 이렇게 활용되지 않는 비싼 도구들은 고물로 전락해 버린 채 우리 삶의 공간들을 장악하고 이삿짐만 늘리고 있다.

이것은 물질적인 것에만 해당되는 것이 아니다. 아이디어나 재능, 감각, 솜씨도 모두 당신이 가진 소통의 도구다. 아이디어가 부족하고, 솜씨가 없어서 못하는 게 아니라 자신이 가진 도구가 무엇인지 파악하지 못하기 때문일 수도 있다.

일본에서 경영의 신으로 추앙 받는 파나소닉의 창업자 마쓰시타 고노스케는 그의 성공 비결에 대해 "원래 병약한 몸으로 태어났기 때문에 열심히 운동 했고, 원래 가난한 집안에서 태어났기 때문에 부자가 되기 위해 노력했고, 배운 것이 없었기 때문에 다른 사람에게 물었다"고 말했다. 그는 자신을 갈고 닦아서 경영의 신이 된 것이다.

없어서 불행한 사람보다 쓰지 않아서 불행한 사람이 더 많다. 없어서 가난한 사람보다 쓰지 않아서 가난한 사람들이 더 많다. 능력이 모자라고, 지식이 모자라고, 재능이 모자라다는 사람들을 보라. 그들은 자신들의 능력을 쓰지 않았고, 지식을 키우지 않았고, 재능을 갈고 닦지 않았을 뿐이다. 녹슨 능력, 덜 자란 지식, 훈련되지 않는 재능 탓을 하고 있는 것이다.

오늘은 잠시 시간을 내어 당신이 가지고 있지만 제대로 활용하지 않고 있는 도구들을 창고에서, 당신의 마음속에서 꺼내 보자. 그리고 앞으로 이것을 어떻게 사용할지 계획을 세워 보자. 그것을 구입

할 당시에는 필요했지만, 지금은 필요 없다고 판단되면 남에게 주거나 폐기시키는 것이 현명하다. 그리고 당신이 가진 도구들의 사용법을 제대로 알고 익혀라. 그래야만 제대로 쓸 수 있다.

아브라함 링컨은 "장작을 패는 데 쓸 수 있는 시간이 8시간이라면, 나는 그중 6시간 동안 도끼날을 날카롭게 세울 것이다"라고 말했다. 사용법을 제대로 익히고 도구를 갈고 닦아야 제대로 쓸 수 있다. 녹슨 도끼로 8시간 동안 장작을 팬다면 시간 낭비다. 힘 낭비다. 6시간 동안 도끼를 갈아 2시간을 장작 패는 데 쓰겠다는 링컨의 생각은 그 당시보다 지금 더 요구되는 지혜다.

당신이 가지고 있는 도구들을 써라. 익히고 닦아서 제대로 써라. 그리고 충분히 써라.

세상에서 가장 유용한 세 가지 도구

세상이 아무리 변해도 변함없이 중요한 삶의 도구가 있다. 그중에서 누구나 가지고 있고 누구나 활용할 수 있는 3가지 도구가 있다. '3가지 씨'라고 불리는 이 도구의 중요성은 아무리 강조해도 부족하다.

먼저 솜씨다. 손으로 뭔가를 만드는 재주다. 스스로의 재능으로 일을 해내는 기술을 말한다. 서상에는 기계나 컴퓨터를 대체할 수 없는 '솜씨'가 필요한 경우가 많다. 음식이 그렇고, 예술이 그렇고, 누군가를 돌보는 일이 그렇다.

다음은 말씨다. 말하는 버릇이나 태도 그리고 그 말에서 느껴지는 독특한 체취가 그 사람을 대변한다. 말이 씨가 되고, 말이 내가 되고 말이 삶이 된다. 따라서 말의 기술은 삶의 기술이다.

세 번째는 마음씨다. 이것은 마음을 쓰는 태도다.

마음이란 무한대의 도구를 제대로 알고 닦아서 제대로 쓰면 인생에 혁명이 일어난다. 그것이 건강 혁명이든 부의 혁명이든, 행복 혁명이 일어난다. 마음씨를 닦는 것을 수행이라 한다. 수행의 의미를 '마음의 상태를 개선하는 것'이라고 본다면, 이는 곧 마음이란 도구를 갈고 닦는 것이다. 갈고 닦아 마음을 써라. 제대로 쓰고 충분히 써라.

솜씨와 말씨, 마음씨는 당신 자신이자 당신을 표현하는 가장 기초적이고 중요한 수단이다. 이 세 가지가 부족한 사람은 제아무리 머리가 좋고 돈이 많아도 제대로 된 삶을 살기 어렵다. 생각과 마음 상태는 말씨로 표현되고 솜씨로 구체화된다. 그리고 말이 가진 힘은 마음씨를 지배한다. 이렇게 세 가지는 서로 밀접하게 연관되어 있다. 한 가지라도 부족하면 다른 두 가지 도구에 영향을 미친다.

당신이 가진 솜씨와 말씨, 마음씨라는 도구의 상태를 살펴보자. 당신이 무언가를 표현하고 활용하기에 부족한 상태인가? 무엇이 어떻게 부족하게 보이는가? 그렇다면 이 부족한 것을 채우기 위해 어떤 노력이 필요한가?

05

도전력
다섯 번째 영향력

각 항목의 점수는 1에서 10까지로, 1에 가까울수록 빈도가 낮고, 10에 가까울수록 빈도가 높은 것을 말한다. 자신에게 적합한 점수를 매겨서 모두 합산한다.

 **자신에게 해당되는 항목에 체크를 하시오**

01 신체 에너지

항상 힘과 활력이 넘치고 건강한 편이다. ☐1☐2☐3☐4☐5☐6☐7☐8☐9☐10

02 수분 섭취

매일 2리터 이상 충분한 양의 물을 마신다. ☐1☐2☐3☐4☐5☐6☐7☐8☐9☐10

03 식습관

인스턴트나 패스트푸드는 삼가고 되도록 자연식을 먹는다.
☐1☐2☐3☐4☐5☐6☐7☐8☐9☐10

04 운동

매일 시간을 정해 두고 꾸준히 운동을 한다. ☐1☐2☐3☐4☐5☐6☐7☐8☐9☐10

05 침묵 에너지

스트레스를 줄이기 위하여 자주 침묵한다. ☐1☐2☐3☐4☐5☐6☐7☐8☐9☐10

06 긍정적 에너지

매사를 긍정적으로 보고 생각하는 편이다. ☐1☐2☐3☐4☐5☐6☐7☐8☐9☐10

07 낙천주의

나쁜 일에도 낙천적으로 즐겁게 보내려고 한다. ☐1☐2☐3☐4☐5☐6☐7☐8☐9☐10

08   행복

즐거운 마음으로 일하고, 자주 웃는다. [1][2][3][4][5][6][7][8][9][10]

09   감사

모든 일에 감사하는 마음을 갖는다. [1][2][3][4][5][6][7][8][9][10]

10   유희

자신의 일과 생활에서 자주 즐거움을 느낀다. [1][2][3][4][5][6][7][8][9][10]

11   자신감

자기 자신을 믿는다. [1][2][3][4][5][6][7][8][9][10]

12   신뢰

도전과 실수를 통해 배우고 성장한다. [1][2][3][4][5][6][7][8][9][10]

13   정신력

힘든 일이나 까다롭고 어려운 사람들과 만나도 잘 극복해낼

 자신이 있다. [1][2][3][4][5][6][7][8][9][10]

14   이해심

상대를 진심으로 이해하고 공감할 수 있다. [1][2][3][4][5][6][7][8][9][10]

15   동정심

힘든 일을 당하거나 어려운 사람을 보면 도와주고 싶고 직접 행동으로

실천하려고 한다. [1][2][3][4][5][6][7][8][9][10]

16   참여도

관심 있는 분야에 직접 참여하는 편이다. [1][2][3][4][5][6][7][8][9][10]

17   매력

모임이나 행사에 가면 사람들의 주목을 받거나 관심을 이끌어 내는

능력이 있다. [1][2][3][4][5][6][7][8][9][10]

18 전염성

자신의 생각을 다른 사람에게 잘 전달하는 편이다. 1 2 3 4 5 6 7 8 9 10

19 호의

상대를 편안하게 호의를 베푸는 편이다. 1 2 3 4 5 6 7 8 9 10

21 청취

다른 사람의 말을 자세히 듣고 이해할 줄 안다. 1 2 3 4 5 6 7 8 9 10

22 개방성

고정관념이나 선입견이 별로 없는 편이며 처음 보는 사람도 쉽게

친해지는 편이다. 1 2 3 4 5 6 7 8 9 10

23 의욕

자신의 삶과 일에 의욕적이다. 1 2 3 4 5 6 7 8 9 10

24 정열

자신의 일과 좋아하는 것에 정열을 가지고 있다. 1 2 3 4 5 6 7 8 9 10

25 목적성

어떤 일을 할 때는 사명감과 책임감을 가지고 한다. 1 2 3 4 5 6 7 8 9 10

26 비전

자신만의 비전이 있고, 그 비전을 위해 노력한다. 1 2 3 4 5 6 7 8 9 10

27 용서

분노나 미움을 털어 버릴 줄 안다. 1 2 3 4 5 6 7 8 9 10

28 균형

가족이나 친구와 즐거운 시간을 보내기 위해 자주 시간을 낸다.

1 2 3 4 5 6 7 8 9 10

29 자기 관리

몸과 마음을 재충전하고 활력을 불어넣기 위한 시간을 가지려고 한다.

| 1 | 2 | 3 | 4 | 5 | 6 | 7 | 8 | 9 | 10 |

30 자기 향상

지금보다 더 성장하고 자신을 개선하기 위한 노력과 시간을 가진다.

| 1 | 2 | 3 | 4 | 5 | 6 | 7 | 8 | 9 | 10 |

[채점 결과 보기]

각 항목의 점수를 모두 합산해서 점수에 해당 결과를 참고한다.

75~150점 : 당신은 지금 지쳐 있는 상태

지금 몹시 지쳐 있다. 빨리 활력에 필요한 연료를 충전해야 한다.

150~300점 : 당신의 방법으로 현재진행 중이다.

당신 나름의 방법대로 잘 진행하고 있다. 좀 더 활력을 가지고 적극적인 자세를 취한다면 당신이 원하는 것을 충분히 얻을 수 있다.

300점 이상 : 당신은 매우 활력에 차있다.

지금 매우 잘 하고 있다. 이 활력을 유지하고 더욱 성장, 개선시키기 위해 관리를 잘 해야 한다.

도전은 아름답다

소니의 창업자인 모리타 아키오는 걸어 다니면서 음악을 들을 수 있는 혁신적인 개념의 오디오인 '워크맨'을 만들자고 제안했다. 그때 대부분의 직원들이 그런 제품은 팔릴 리가 없다며 강하게 반대했다. 시장 조사 결과도 좋지 않았다. 그러나 모리타는 포기하지 않았다. 새로운 아이디어는 시장 조사에서 나오지 않을 수도 있다는 것이 그의 생각이었다.

그는 "만약 포드 자동차의 창업자인 헨리 포드가 일반 고객들에게 무엇을 원하느냐고 물었다면 그들은 아마 자동차가 아닌 '더 빠른 말'이라고 대답했을 것이다."라고 주장하며 자신의 아이디어를 실행하기로 결단했다. 이렇게 주위의 반대를 무릅쓰고 탄생한 것이 바로 소니의 '워크맨'이다.

세상은 온갖 기회들로 가득 차 있다. 그 수많은 기회들은 누군가의 과감한 도전을 기다리고 있다. 그리고 세상의 기회들은 도전하는 사람들의 것이 된다. 부와, 명예와, 성공은 도전하는 사람들 몫이고, 미인은 도전하는 용감한 사나이가 차지하게 되어 있다.

특히 나이가 많거나, 신체적 장애가 있거나 극심한 가난 같은 역경을 이겨 내고 도전에 성공한 사람들의 이야기는 감동적이기까지 하다. 이런 사람들의 성공 스토리는 본인은 물론 보고, 읽고, 듣는 사람에게까지 꿈과 희망을 주고 행동할 수 있는 자극을 주는 세상의 스승이다.

2008년 중국에서 72세 된 푸잉 할머니는 8수 끝에 사법시험에 합격했다. 영국의 휴대폰 세일즈맨이었던 폴 포츠는 끊임없는 노력으로 주변의 냉대와 교통사고의 아픔을 이겨 내고 스타 발굴 프로그램에서 우승하여 세계적인 스타 가수가 되었다.

9세에 시각을 잃고 18세에 청각을 상실한 일본의 후쿠시마 사토시는 "이제 더 나빠질 것은 없다. 바닥부터 다시 시작하자"는 각오로 어둠을 뚫고 장애인의 소통을 다룬 논문으로 도쿄 대학에서 박사학위를 받고 도쿄 대학의 교수가 되었다. 그는 지금 일본에서 '일본의 헬렌 켈러'로 불리며 또 다른 목표를 향해 도전을 계속하고 있다.

이런 사람들의 도전과 성공은 아름답다. 그리고 우리에게 잔잔한 감동을 준다. 감동은 우리의 마음을 움직이고 우리를 행동하게 한다. 그들의 삶 자체가 훌륭한 책이고 스승이고 우리들의 멘토다. 우리는 그들의 삶을 통해서 배운다. 그 사람이 처한 상황보다는 상황에 대한 태도가 그 사람의 가능성과 미래를 결정한다는 사실을.

걸림돌과 디딤돌

이탈리아 중부지역 리보르노 시에 있는 한 공수부대의 무술 교관은 155cm의 단신에 80세가 다 된 일본인 할머니다. 1931년생인 게이토 와카바이시 할머니는 거구의 공수부대 군인들에게 무술을 가르치고 있다. 그녀는 제자들에게 "작은 키를 가진 나를 보면서 불가능은 없다는 것을 믿어 보세요. 신체적인 조건은 문제가 되지 않아요"라고 외치고 있다.

작은 키와 여성이라는 조건은 무술 고수가 되기에 유리한가, 불리한가? 만약 당신이 무언가를 포기한다면 세상의 많은 것들은 걸림돌이 될 것이다. 그러나 당신이 도전한다면 세상의 모든 것들은 디딤돌이 될 수 있다. 정신적, 신체적 단점도 도전하면 디딤돌이 될 수 있다. 하지만 그것 때문에 포기한다면 걸림돌로 작용하게 된다. 그러나 도전하면 디딤돌이 될 수 있다.

아무리 넓은 물도 디딤돌이 있으면 건널 수 있다. 그렇듯이 아무리 큰 장벽도 디딤돌이 있으면 넘을 수 있다. 인생의 바다는 깊고, 넓고, 거칠다. 한꺼번에 누구나 쉽게 건널 수 있는 항해가 아니다. 여기 저기 놓여 있는 걸림돌을 갈고 닦아서 디딤돌로 만드는 도전이 필요하다. 도전을 통해 단점을 오히려 핵심 역량으로 만들고, 위기 속에서 기회를 찾아야 한다. 무에서 유를 창조하는 사람과 조직은 반드시 성공할 수 있다.

늦지 않았다

2008년 7월, 남아프리카의 한 시골마을에서 90세 생일을 맞은 한 노인에게 빌 클린턴 전 미국 대통령과 토니 블레어 전 영국총리 등 세계 유명 정치인과 운동선수, 음악가 등 각 분야의 수많은 지도자들이 축하 메시지를 보냈다. 이렇게 화려한 구순 생일을 맞은 그는 44세에 종신형을 받고 수감된 지 27년만인 72세의 나이에 출옥

한 후 76세에 남아공 최초의 흑인 대통령이 된 넬슨 만델라다.

1997년 당시 89세의 메리 파사노 할머니는 360년 하버드 역사상 최고령으로 하버드 대학을 졸업했다. 어린 시절 집안 형편이 어려워서 중학교 2학년을 중퇴했던 그녀는 69세에 고교 입학에 성공했다. 그리고 70세가 넘어 하버드 단과대학인 평생교육대학 학위 과정에 등록하여 17년 만에 학위를 받았다. 그녀의 나이 89세에 이룬 기적이었다. 70이 넘은 많은 사람들이 과거를 회상하고 후회하며 시간을 낭비하고 있을 때, 그녀는 과감히 도전하여 젊음을 살려 내고 시간을 창조해 낸 것이다.

헨리 포드가 포드 자동차를 창업한 것은 1903년, 그의 나이 40세 때였다. 당시 기준으로 보면 결코 적지 않은 나이였다. 2001년 타계한 엘리 리브스 캘러웨이는 65세에 골프채 사업에 뛰어들어 불과 10년 만에 지구촌을 평정하며 '골프채 신화'를 만들어 냈다.

최근에 '실제 나이 70%론' 이라는 유행어가 떠오르고 있다. 지금 살고 있는 사람들의 나이를 과거와 비교해 보면 달력 나이에 70%를 곱한 수치가 실제 나이라는 얘기다. 당신의 달력 나이가 50세라면 실제 나이는 70%인 35세란 얘기다. 따라서 어떤 기준으로 봐도 지금 당신은 늦지 않았다.

혹시 '무언가를 다시 시작하기엔 너무 늦었어' 라며 포기하고 있지는 않은가. 위의 사례에서 봤듯이 나이는 무언가에 도전하는 데 있어 조금도 걸림돌이 되지 않는다. 나이 때문에 도전할 수 없다는 말은 나약한 변명에 불과하다.

의욕이 관건이다

세계적 석학 피터 드러커는 1990년대 중반에 쓴 『넥스트 소사이어티』라는 책에서 '한국이 단기간 내에 세계 일류 수준의 국가가 된 것은 한국 기업들의 도전정신 때문'이라고 했다. 40여 년 전까지만 해도 한국에는 대학 공부까지 한 고학력자가 그리 많지 않았다. 자원과 기술력도 부족했던 한국이 오늘날(1996년 당시) 약 24개 분야의 산업에서 괄목할 만한 성장을 보인 것은 바로 한국인의 의욕 때문이라고 평가했다. 그래서 드러커는 기업가 정신을 실천한 1등 국가로 한국을 꼽았다. 그런데 지금 한국의 모습은 어떤가?

한국은행에 따르면 '기업가 정신지수'가 1999년에 41.9로 고점을 찍은 후 2005년엔 4.5로 급락했다고 한다. 기업가 정신이 사라지고 있다는 의미다. 기업가 정신이 사라지고 있다는 것은 도전정신이 약화되고 있다는 의미다. 도전정신이 약화된 것은 기업 할 의욕이 사라졌기 때문이다.

기업만이 아니라 개인도 마찬가지다. 미국에서는 좋은 교육을 받은 사람들이 모험적 직업을 택하는 경우가 많다. 그러나 한국에서는 좋은 교육을 받은 많은 젊은이들이 안전하게 늙을 수 있는 직업에 몰리고 있다.

지금 대학교 재학생들 4명 중 1명은 공무원 시험을 준비 중이라고 한다. 가장 큰 이유는 정년이 보장된 안정된 직장이기 때문이다. 모두가 공무원이 되길 바라면 세계를 무대로 누가 사업을 하고, 누가 세일즈를 하고, 누가 미지의 세계에 도전할 것인가?

도전이 없는 사회는 퇴보한다. 도전이 없는 사람은 후퇴한다. 도전은 나라와 조직과 개인을 앞으로 전진하게 하는 유일한 방법이다. 한국의 발전과 한국 기업의 성장 역사는 도전의 역사다. 성공한 사람들의 과거와 현재는 도전의 과정이다. 도전이 없이는 미래가 없다. 이러한 도전을 가능케 하는 마인드가 의욕이다. 의욕이 있어야 도전하는 것이다.

학생에게는 공부할 의욕이 있어야 공부하고, 젊은이에게는 도전할 의욕이 있어야 열심히 일하고, 기업가에게는 사업할 의욕이 있어야 기업 경영을 열심히 하게 한다. 어려운 시대를 살아갈 의욕, 부부 사이에 사랑할 의욕, 직장인에게 근무할 의욕, 세일즈맨에게 판매할 의욕이 있어야 하는 것이다.

일본의 사회학자 미우라 아쓰시 컬처스터디 연구소장은 2006년에 출간한 『하류사회』란 책에서 일본의 젊은 세대가 의욕과 희망을 잃어 가면서 의식 자체가 '하류화' 되어가고 있다고 진단했다. 그러면서 일본에는 이미 '하류'가 40%를 차지한다고 말했다. 그가 말한 하류사회란 실제로 먹고살기가 어려운 사회라기보다는 중산층이 되려는 의욕을 잃어버린 사회를 일컫는다. 한국 사회는 어떤가? 삶의 목표를 성공보다 안정에 맞추고 도전 없이 안정만 추구하는 젊은이들이 늘어 가고 있는 것은 일본과 다를 게 없다.

21세기 사회의 가장 큰 특징이 불확실성이다. 그런데 이런 사회에서 확실하고 안정된 것만 찾는다면 그것이 곧 가장 위험한 일이라는 사실을 알아야 한다. 당신이 안정된 것이라고 생각하는 바로 그것은 거의 모두 과거의 것들이다. 과거가 아닌 미래를 살고 싶다면 과거의 것들을 폐기하는 용기가 필요하다. 그래야 미래가 열린다. 그 미래를 여는 힘이 도전이고 도전을 가능케 하는 마인드가 의욕이다.

의욕이 있어야 도전한다. 도전은 위험하지만 도전하지 않으면 더욱 위험하다!

덩샤오핑과 18명의 샤오강촌 농민

목숨을 걸고 중국 공산당의 명령을 어기며 새로운 농법을 도입한 18명의 시골 농민이 있었다. 1978년 마오쩌둥이 사망한 지 2년이 지났지만 아직 덩샤오핑의 힘은 미약했고, 마오쩌둥이 남긴 대약진운동(1958년)과 문화혁명(1966년)의 광풍에 무려 5천만 명(중국 공식 통계로는 2천만 명)이 굶주림으로 숨져 갔다. 샤오강촌도 예외가 아니었다.

농사일은 제쳐둔 채 철 생산에 모든 정열을 쏟던 대약진운동으로 3년 동안 마을 사람 175명 중에서 60여 명이 굶어 죽고 76명은 도시로 나가 구걸을 했다. 정치 투쟁에 온 중국이 미쳐 돌아가던 10여 년의 문화혁명 기간에 샤오강촌의 18가구 가장들도 서로를 고발하고 싸우며 세월을 낭비했다.

연간 5만kg에 달하던 식량 생산이 1만5천kg으로 뚝 떨어졌다. 이런 와중에 1978년 가뭄이 닥쳤다. 굶어 죽을 방법밖에 도리가 없었다. 그때 마을 주민 18가구의 가장들이 촌장 집에 모여 회의를 거듭하다 의견일치를 보았다.

"땅을 가구별로 나눠 각자가 일한 만큼 식량을 가지자."

사실 이 결정은 당의 뜻을 정면으로 거스르는 중대한 범죄였다. 그러나 주민들은 '동네 바깥사람들에게 비밀을 엄수할 것'과 '국가에 낼 공출은 공동으로 정확하게 상납할 것' '이 일로 누군가 처벌 받으면 마을 전체가 그의 자녀를 18세까지 책임질 것' 등 3개항에 맹세했다. 마치 비밀공작처럼 진행된 이 혁신은 엄청난 기적을 일으켰다.

1979년에 식량 생산량이 6만 735kg으로 늘어난 것이다. 이는 1966년부터 1970년까지 5년간 생산한 곡식의 양보다 많았으며, 그것도 최악의 자연조건(가뭄) 속에서 만들어진 것이었다.

그들은 신으로 숭배되던 마오쩌둥의 '공동생산 공동소비'라는 사회주의 원칙을 깨고 사유재산제를 도입했다. 그리고 성공했다. 샤오강촌의 기적은 안후이성 제1서기인 완리에게 전해졌다. 덩샤오핑의 오른팔이던 그는 곧 이 사실을 덩에게 보고했고, 덩은 이 사실을 당 간부들에게 언급하며 자신의 농업 개혁 정책의 근간으로 삼았다.

'중국 개혁과 개방의 총 설계사' 덩샤오핑은 그들의 성공을 인정하며 중국의 전 농촌에 사유재산제를 도입했다. 이를 기반으로 사실상 경제적인 모든 부분에 사유재산제를 인정한 '사회주의 상품경제'라는 독특한 경제 형태를 탄생시켰다. 이렇게 자본주의를 받아들이면서 중국은 급격히 성장해 가고 있다.

—1999년 8월 30일자 동아일보 기사에서

목숨을 건 채 원칙을 파괴한 도전이 샤오강촌 농민 18명의 그들의 목숨을 살리고 마침내 중국 개혁의 도화선이 되었다. 그들이 목숨을 건 도박을 한 유일한 이유는 '생존' 을 위해서였다. 그 상태 그대로라면 아무리 노력해도 굶어 죽거나 구걸 신세를 면치 못할 상황이었던 것이다. 그래서 그들은 죽을 각오를 하고 사회주의 대원칙을 파괴해버린 것이다. 그리고 기적을 일으켰다.

누구에게나 위기는 온다. 그러나 위기에는 '위험한 기회' 라는 속뜻이 숨어 있다. 즉 위기는 혁신을 위한 좋은 기회라는 뜻이기도 하다. 사실 혁신의 가장 큰 배경은 위기의식이다. 30여년 전만해도 덴마크는 유럽에서 가장 저성장국가로 사회 전반에 비관주의가 만연해 있었다. 그러나 이래서는 안 된다는 위기의식을 기반으로 혁신에 성공했다. 싱가포르 역시 가진 것이 사람밖에 없다는 위기의식을 바탕으로 혁신에 성공한 나라다.

가장 위험한 일은 위기를 인식하지 못하는 데 있다. 위기를 인식하고도 우물쭈물하는 것은 더욱 위험하다. 위기를 인식하고 극복을 위해 과거를 파괴하고 도전하는 것은 생존과 성장의 유일한 방법이다. 또한 샤오강촌 농민들이 일으킨 기적을 기회로 만든 것은 덩샤오핑의 열린 리더십 덕분이다. 덩샤오핑의 열린 리더십이 작은 것에 집착하지 않고 큰 것을 본 것이다. 샤오강촌의 기적같은 생산성 향상을 사회주의 제도를 파괴할 불씨로만 보았다면 결코 중국의 개혁은 성공하지 못했을 것이다.

문제는 변화의 속도다!

　20세기 경제학자 슘페터는 "혁신은 위험하다. 그러나 혁신하지 않는 것은 더욱 위험하다"라고 혁신에 대해 강조했다. 슘페터 가 사망한 지 50여 년이 지나 경영학의 대부이자 위대한 사상가인 피터 드러커는 "기존의 어떤 조직도 반드시 쇠퇴한다. 쇠퇴하지 않을 수 있는 유일한 방법은 혁신밖에 없다"고 역설했다.

　20세기 이후 변화의 속도가 빨라지고 있는 이 시대에 슘페터가 살아 있었다면 드러커처럼 혁신하지 않으면 어떤 조직이든 쇠퇴하고 소멸할 것이라고 주장했을 것이다. 즉 '강자생존'이 아니라 '적자생존'이다.

　적자가 되기 위해서는 변화에 적응해야 된다. 변화의 속도가 빠르다면 빠르게 적응해야 한다. 변화는 늘 있었다. 문제는 변화의 속도였다. 따라서 변화에 적응 못한다는 것은 곧 변화의 속도를 따라가지 못한다는 것을 의미한다.

　마이크로 소프트의 빌 게이츠는 "1980년대는 질의 시대요, 1990년대는 리엔지니어링의 시대고, 2000년대는 속도의 시대다"라고 했다.

　속도를 내기 위해서는 우선 과거에서 벗어나야한다. 과거가 발목을 잡고 있는데 어떻게 빨리 나아갈 수가 있겠는가? 과거를 파괴해야 혁신이 쉬워진다. 과거를 파괴하라. 과거의 생각, 과거의 영광, 과거의 학력과 경력, 과거의 성공 따위는 깨끗하게 잊어라. 그래서 몸과 마음을 가볍게 만들어라. 그래야만 속도전에서 이길 수 있다.

가벼워야 혁신도 가능하다.

예를 들어 흑백 TV를 보자. 과거엔 안방의 왕좌였으나 지금은 폐품이다. 요즘 세상에 흑백 TV를 보는 사람은 없다. 이렇듯 과거엔 왕자였던 조직이나 사람이 지금은 폐품이 될 수 있다는 것을 빨리 깨달아야 한다.

자신을 스스로 폐기해야 승자가 된다

피터 드러커는 "모든 조직은 지금 하고 있는 모든 것을 폐기할 준비를 해야 한다"고 말했다.

인텔의 성공은 자기 파괴의 기술 덕분이었다. 인텔의 자기 파괴는 현재 가장 이익을 많이 내고 있는 자사 제품을 능가하는 제품을 만들어 냈다. 더 좋은 제품이 나오면 지금까지 잘 팔렸던 자사의 제품이 가장 큰 타격을 받는다. 그러나 내가 더 좋은 제품으로 그동안 만들어 온 나의 제품을 폐기하지 않는다면, 다른 누군가가 더 좋은 제품을 만들어 지금 나의 제품을 시장에서 밀어낼 것이다.

내가 나를 폐기하면 승자가 되고 다른 사람이 나를 폐기하면 패자가 된다. 이것이 이 시대 혁신과 생존의 논리다. 따라서 승자가 되려면 나 스스로를 폐기해야 한다. 스스로를 폐기하는 것은 과거의 나를 잊고 미래의 나를 만들어 나가는 과정이다.

보통 사람들은 과거의 실패를 잊고 싶어 한다. 그래서 과거의 실패를 폐기하는 것은 비교적 쉬운 일이다. 문제는 과거의 성공이다.

과거의 성공을 잊어버리고 폐기하기는 쉽지 않다. 그래서 과거에 안주하게 된다. 과거의 성공이 또다시 미래의 성공을 보장해 줄 것으로 착각하는 것이다. 이것은 가장 위험하고 큰 착각이다. 과거의 성공은 결코 미래의 성공을 보장할 수 없다. 과거의 상황은 이미 흘러갔다. 그것도 매우 빠른 속도로 사라져 버렸다.

미래는 새로운 상황이다. 새로운 상황에는 새로운 방법으로 성공을 만들어 나가야 한다. 성공을 만들어서 나간다는 것은 성공을 관리하는 게 아니라, 성공을 추구한다는 의미다. 과거엔 좋은 학교를 나오고 의사나 변호사 같은 자격증을 취득하면 성공이 보장되었다. 거의 변화가 없었고 잘만 관리하면 평생을 보장 받을 수 있었다. 그러나 지금은 아무리 좋은 과거를 가지고 있어도 더 나은 것과 더 새로운 변화를 추구하지 않으면 쉽게 도태되는 시대다.

경영학자 톰 피터스는 "우리는 혼돈 속에서 살아간다. 이에 대응하기 위해서는 변화를 관리하는 것이 아니라 변화를 추구해야 한다"며 자기 자신을 파괴하는 법을 배우는 사람만이 생존한다고 주장했다.

그렇다면 자기 자신을 파괴하는 법은 무엇일까? 지금의 내가 과거의 나를 잊는 것, 학교를 졸업한 이후에 배우는 지식이 학교 때 배우는 지식을 훨씬 능가하는 것, 학창시절보다 더 열심히 깊고 넓게 학습하는 것, 과거의 기술이 쓸모없어질 정도로 새로운 기술을 익히는 것이다. 그리고 이 모든 것을 가능케 하기 위해선 열린 자세를 가져야 한다. 열림은 가능성의 상태이다. 들어올 것들은 들어오고 나갈 것들은 나가야 생명이 유지된다.

로마가 번성했던 것은 로마가 열린 조직이었기 때문이라고 한다. 193년~211년까지 18년 간 로마를 지배한 왕은 아프리카 출신 셉티미우스 세베루스였다. 출신이 아니라 능력을 중요하게 여겼던 것이다. 미국도 열린 사회를 지향했다. 그래서 짧은 역사를 가지고 있음에도 불구하고 크게 번성했다. 미국에서는 누구든 재능이 있으면 능력을 인정받고 기회를 얻을 수 있었다. 그래서 미국을 기회의 땅이라고 불렀다.

개인도 열린 마음을 가져야 한다. 그것이 가능성의 자세이기 때문이다. 마음을 열고 변화를 추구하라. 그러기 위해 우선 스스로를 폐기해야 한다. 인텔의 전 최고경영자 앤드류 그로브는 이렇게 외쳤다.

"최고의 위험은 그 자리에 그대로 있는 것!"

도전의 방향은 안에서 밖으로!

농업 시대 주된 일터는 자연이었다. 그래서 모두 밖에 나가 일해야 했다. 그러나 산업 시대에 접어들면서 일터가 밖에서 안으로 바뀌기 시작했다.

블루칼라는 공장으로 들어가고, 화이트칼라는 사무실로 들어갔다. 관리직이나 고위직은 사무실 중에서도 더 깊은 사무실로 들어갔다. 사실 밖에서 안으로 들어갈수록 생산성이 높았고 세상의 인정을 받았다. 그러나 이제는 안과 밖의 경계가 무너졌다.

안으로 들어갈수록 힘 있는 고객과 생생한 정보가 있는 시장으로부터 멀어지게 된다. 그래서 앞으로는 모두가 밖으로 나가야 한다. 직접 필드로 나가야 한다. 아니면 필드에 나가 있는 사람들을 지원해야 한다.

기업의 부서는 단 둘밖에 없다. 고객부와 고객지원부! 연구실도 실험실도 공장도 사무실도 모두 고객지원센터에 불과하다. 그곳에 근무하는 사람들의 업무는 모두 고객지원이다. 그리고 나머지는 고객부 소속의 영업사원이어야 한다.

필드에 고객이 있고, 기회가 있고, 문제가 있다. 그리고 문제 해결책도 있다. 이것이 필드 혁명이다.

세계 1위의 주방용품 업체인 독일 휘슬러의 게오르그 탈러 사장이 2005년 12월에 한국을 8번째 방문했을 때, 그는 우수 방문판매사원 100명을 제주 신라호텔로 초청해서 2박 3일을 함께 보냈다. 그가 간부들과의 회의와 회식이 아닌 판매사원들과 함께하기를 택한 이유는 현장을 느끼고 싶었기 때문이다.

게오르그 탈러 사장은 방문판매사원의 얘기를 들으면 생생한 시장의 냄새를 맡을 수 있다고 했다. 그의 이런 필드 마인드는 대학 졸업 후, 초콜릿 회사에 입사하여 영업사원으로 뛴 경험에서 비롯된 것이다.

세계적으로 성공한 기업가들은 모두 필드에서 시작했다

현장인 필드는 가치 창출의 장소요, 기술 습득의 장소요, 기회 발견의 장소다. 가장 기본적인 이 원칙을 세계의 유수한 기업에선 직접 실천하고 있다.

그래서 도요타자동차의 도요타 쇼이치로 회장은 "제 발로 직접 현장에 뛰어들어 몸으로 체득하면서 해결책을 찾으라!"고 직원들을 독려했다. 1997년 포춘 지에 '올해의 경영자'로 선정된 IBM 기술영업사원 출신 존 챔버스 시스코시스템스 회장은 하루의 40%를 길 위에서 보낸다. 그리고 반드시 하루에 2~10명의 고객을 만나는 것으로 유명하다.

2003년 유럽을 대표하는 기업인으로 선정된 영국의 유통업체 테스코 사의 테리 리히 회장은 대학 재학 시절 아르바이트를 하면서 필드를 체험했다고 한다.

테리 리히 회장은 1997년에 취임해서 초라한 영국의 할인 잡화점을 2,400개 이상의 매장을 거느린 국제적인 거인으로 성장시켰다. 그 원동력은 테리 리히 회장이 대학 시절에 런던의 한 매장에서 선반에 물건을 진열하던 아르바이트를 통해 얻은 필드 체험 덕분이었다. 그래서 그는 지금도 매년 일주일 간 직접 카운터를 보기도 하고 온라인 매장 테스코닷컴의 배달을 하면서 필드를 잊지 않고 있다.

2001년 매출 기준으로 세계 1위 기업으로 우뚝 선 월마트의 리 스콧 회장도 대학 졸업 후에 운송업체에서 트럭운전을 하면서 필드

속에서 성장한 입지전적인 인물이다. 페덱스 익스프레스 사의 데이비드 브론젝 사장도 대학 때 화물배달사원으로 입사해서 정식사원이 된 후에, 운영팀의 영업사원으로 활약했던 필드맨이다. 페덱스의 현직 임원 중 상당수는 현장에서 직접 일하다가 승진한 필드 체험자들이다.

필드를 체험하고 그 체험을 바탕으로 최고경영자나 임원이 된 경우는 이루 열거할 수 없을 정도로 많다. 그런데 생각해 보라. 지금까지 사례를 든 사람들의 경우 모두 사무실과 관리직이 중요한 시대에 필드를 겪은 사람들이다.

이제는 그리고 앞으로는 사무실과 관리직은 후방으로 밀려날 수밖에 없다. 앞으로는 필드와 영업이 기업 경영의 꽃으로 자리 잡을 것이다. 그렇다면 지금 당신이 어떤 변화를 추구해야 할지 확실한 방향이 보이지 않는가?

도전 기회는 오직 필드에 있다

이젠 나가야 한다. 필드로 나가서 기회를 발견해야 한다. 필드에서 매출 부진의 원인을 찾고 그 해결책을 찾아야 한다. 필드에서 사업거리를 찾고 혁신의 실마리를 만들어야 원하는 것을 얻을 수 있을 것이다. 일거리도 필드에 있다. 자꾸 안을 보고 안으로 들어가려고만 하니까 일자리가 없는 것이다.

당신이 서 있는 자리에서 과거를 보지 말고 미래를 봐야 희망이 보인다. 과거의 연장선상에 있는 미래가 아닌, 과거와 전혀 다른 새로운 미래를 보아야 성공의 기회가 보이고, 일자리가 보이고, 가능성의 문이 열린다.

당신이 들어온 문은 과거의 문이다. 이제 과거의 문은 뒷문이 되었다. 과거의 뒷문은 닫혔거나 매우 좁아져 있다. 갈수록 좁아질 것이다. 뒷문에서 서성거리지 말라. 열린 문은 앞문이다.

앞문은 그동안 당신이 가보지 않은 문일 수 있다. 그러나 그 문으로 향해야 미래가 열릴 것이다. 앞문으로 나가면 그곳이 곧 필드다.

안에서 할 일은 컴퓨터에게 맡겨라. 아니면 아웃소싱 하면 된다. 안은 그저 지원센터일 뿐이다. 할 일은 밖에 있다. 만날 사람은 밖에 있다. 필드는 일터이고 훈련센터이며 이익센터다. 이것이 필드 혁명이다.

06

회복력
여섯 번째 영향력

01   다른 사람을 쳐다볼 때 정면으로 얼굴을 응시한다. ☐ YES   ☐ NO

02   다른 사람보다 더 먼저 더 크게 웃는 편이다. ☐ YES   ☐ NO

03   외국인이나 소수집단을 놀리는 일은 나쁜 짓이라고 생각한다.

☐ YES   ☐ NO

04   집에서는 최소한의 옷만 입고 편하게 생활한다. ☐ YES   ☐ NO

05   내게 어울리든 말든 내가 좋아하는 옷을 입는 편이다. ☐ YES   ☐ NO

06   음치지만 큰소리로 노래를 부른다. ☐ YES   ☐ NO

07   손님이 돌아갈 기색 없이 끝까지 버티고 있으면 기분 나쁘지 않게 잘

얘기해서 돌아가게 한다. ☐ YES   ☐ NO

08   가끔 원칙을 들어 상사의 말에 반박하기도 한다. ☐ YES   ☐ NO

09   직장에서 회식을 하자고 먼저 말을 꺼내기도 한다. ☐ YES   ☐ NO

10   내가 터무니없는 고집을 피울 때면 다른 사람들이 나를 진정시키기

어렵다. ☐ YES   ☐ NO

11   슬플 때는 사람들이 어떻게 생각하든 상관하지 않고 실컷 운다.

☐ YES   ☐ NO

12   노여움이나 근심 때문에 오래 속상해 하지 않는 편이다. ☐ YES   ☐ NO

13   축제나 행사가 있으면 즐기는 편이다. ☐ YES   ☐ NO

14   다른 사람들과 안 맞더라도 운동 시간과 휴식 시간을 정해 놓고 정확하게

지킨다. ☐ YES   ☐ NO

15   어렸을 때부터 자기 자신을 좋아했으며 지금도 아주 멋있다고 생각한다.

☐ YES   ☐ NO

16   자신의 잘못뿐만 아니라 다른 사람들의 잘못에 대해서도 관대한 편이다.

☐ YES ☐ NO

17   두렵거나 걱정거리가 있으면 그것을 솔직하게 표현한다. ☐ YES   ☐ NO

18   가끔 옳지 못한 행동을 하기드 하지만 그것 때문에 후회하지는 않는다 .

☐ YES ☐ NO

19   다른 사람과 이야기할 때 그 사람의 팔이나 어깨를 건드리곤 한다 .

☐ YES ☐ NO

[채점 결과 보기]

Yes의 개수를 집계한다.

6개 이하 : 자신에 대한 자신감이 매우 필요하다.

자신을 위축시키다 보면 사회생활이 힘들어지고 다른 사람까지 불편하게 만든다. 당신이 조금 더 호방한 태도를 취한다면 다른 사람들도 당신을 더 편하게 대할 것이고 그러면 생활이 더 즐거워질 것이다.

7~11개 : 당신은 적당한 자신감을 가지고 있다.

당신은 사람들이 기대하는 바를 제때에 확실하게 보여 주면 된다.

12개 이상 : 당신은 자신감이 충분한 사람이다.

당신은 옳은 것을 찾아서 행하고 그 결과를 웃으며 태연하게 받아들인다. 이것은 진정한 자신감을 가진 사람만 할 수 있는 행동이다. 이런 행동은 '뻔뻔스러움' 과는 근본적으로 다르다.

원래의 상태로 돌아가는 것은 인간의 본성

하버드 대학교 심리학 교수인 대니얼 길버트는 "가까운 사람이 죽었을 때 슬픔에서 벗어나기 힘들 것 같지만, 인간은 결국 오래지 않아 슬픔을 극복하고 다시 원래의 행복한 상태로 돌아온다"고 주장했다.

코네티컷 대학의 글렌 애플렉 교수의 연구에 의하면, 가장 큰 슬픔을 느끼는 '배우자의 죽음' 도 15일쯤 지나면서부터 '불행의 느낌' 에서 빠져나오기 시작하는 것으로 밝혀졌다. 인간의 심리가 행복으로 되돌아가도록 만들어져 있다는 의미다.

이렇듯 인간은 어려운 상황을 겪고도 다시 원래의 상태로 돌아가는 힘에 의해 평상심을 유지하고 앞으로 나아갈 수 있는 것이다. 이것이 회복력이다. 회복력의 사전적 의미는 '어떤 자극으로 달라진 상태가 다시 원래의 상태로 되돌아오는 힘' 을 말한다.

심리학에서는 가족의 죽음이나 전쟁 같은 극한의 자극으로 어려움을 겪은 사람들이 고통과 슬픔에서 벗어나 정상 상태로 되돌아오는 것을 회복력, 레실리언스(resilience)라고 한다.

인간의 본질적 능력인 회복력을 키우면 실패로부터 다시 일어서는 능력이 커지고, 어려움을 극복하는 용기를 얻을 수 있다. 또한 인간의 능력을 방해하는 갖가지 걱정과 공포로부터 해방될 수 있는 자유를 얻게 될 것이다.

반드시 회복될 수 있다는 믿음은 우리에게 자신감을 주고, 자신감은 도전과 행동의 에너지가 된다.

역경지수(AQ)가 관건이다

미국의 유명한 행동주의 심리학자인 B.F 스키너는 '하고 싶은 대로하고, 먹고, 입고, 놀게 하는 인간군' 과 '박봉으로 가족을 부양해야 하는 인간군' 두 집단의 행동을 6개월 동안 관찰했다. 전자의 집단은 과반수가 놀고먹는 것도 귀찮아서 하루에 평균 18시간씩 누워서 지내는 극단적인 게으름과 퇴행적 행동을 보였다.

그러나 가족을 먹여 살려야 하는 후자의 집단은 어떻게든 어려운 환경을 극복하기 위해 더욱 적극적으로 노력하는 긍정적인 행동을 나타냈다. 어려운 상황에 처했을 때 인간에겐 그에 대처하려는 강한 보상능력이 자생한다고 한다. 이런 상황을 극복하면 강한 보상이 생길 것을 기대하고, 스스로 용기와 인내를 가지고 어려움을 헤쳐 나가는 것이다.

1997년 미국의 커뮤니케이션 이론가 폴 스톨츠는 사람이 어려운 상황을 극복해 나가는 능력을 AQ(Advetsity Quotient : 역경지수)라고 했다. 앞으로는 AQ가 IQ대신 인간의 능력을 가늠하는 잣대가 될 거라고 주장했다. 스톨츠는 AQ가 높은 사람이 IQ(지능지수)나 EQ(감성지수)가 높은 사람보다 성공할 가능성이 크다고 주장했다. 그는 AQ의 정도를 등반에 비유해서 세 가지로 분류했다.

먼저 역경지수가 낮아 힘든 일이나 어려움에 부딪혔을 때 포기하거나 도망가는 유형을 퀴터(quitter)라고 했다. 그들은 쉽게 체념하고 포기하는 겁쟁이다. 다음은 장애물을 극복하기보다는 적당히 안주하는 유형을 캠퍼(camper)라고 했다. 그들은 야영자다. 항상 적당하고 안전한 곳을 찾고 그곳에 머물며 시간을 낭비한다. 사람들의 80% 정도가 캠퍼라고 한다. 마지막으로 역경에 굴복하지 않고 목표를 성취하는 사람들을 클라이머(climber)라고 불렀다. 그들은 산행 중에 난관에 부딪혀도 안주하지 않고 정상을 향해 전진한다. 그들이 바로 역경지수가 높은 사람들이다.

IQ도 중요하다. 그러나 1926년 미국의 심리학자 캐더린 M 콕 박사가 세계적으로 성공한 유명인사 301명의 IQ를 대상으로 연구한 자료를 보면 IQ와 성공 사이의 연관성은 부족하다고 한다. 노벨상 수상자 3명 중에서 1명을 차지한다는 유대인도 IQ로만 본다면 타민족과 별 차이가 없다. 단지 그들은 어렸을 때부터 시련과 실패의 기회를 주고 이를 통해 끈기와 인내를 배우게 하는 부모의 교육 덕분에 탁월한 성과를 만들어 낸 것이다. 서양 속담에 '역경만한 교육은 없다' 고 했다.

파나소닉의 창업자이면서 일본인들에게 경영의 신으로 추앙 받는 마쓰시타 고노스케는 역경을 '하느님이 주신 선물' 로 생각하며 자신을 성장시키는 발판으로 삼았다. 그는 어렸을 때 집이 가난해서 구두닦이, 신문팔이 등 온갖 고생을 했는데, 이런 고생을 통해 살아가는데 필요한 수많은 경험을 쌓을 수 있었다.

태어날 때부터 몸이 약해 항상 운동하고 몸을 관리해 건강한 몸을 가질 수 있었고, 가난했기 때문에 열심히 노력해 부자가 되었고, 배운 것이 부족해서 모든 사람을 스승으로 여기고 배우는 일에 힘써 위대한 경영자가 되었다.

미국의 철강왕 앤드류 카네기도 자신이 부자가 된 것은 '가난' 이라는 이름의 엄격하고 효율적인 학교에 다녔기 때문이라고 말했다. 어떤 사람에게는 가난과 허약함과 짧은 학력이 삶의 걸림돌이 된다. 그러나 또 어떤 사람에게 그것은 훌륭한 학교가 되고, 인생의 훈련소가 되고, 삶의 디딤돌이 된다. 유대인들은 '역경 극복' 이라는 최고의 교육을 통해 자식들을 최고의 인재로 길러 냈다.

부모가 자식에게 주기 싫지만 반드시 줘야 할 것이 있는데 그것이 바로 '고생' 이라고 한다. 고생이라는 역경을 통해 자식들을 단련시켜야 굴곡진 세상을 헤쳐 나가는 힘을 얻게 될 것이라는 믿음 때문이다. 지금 당신은 어떤 상황에 처해 있는가? 신체적으로 불편한가? 경제적으로 어려운가? 아니면 정신적으로 심각한 고통을 받고 있는가? 또는 이 모든 것을 함께 겪고 있는가?

어떤 경우든 당신이 지금 역경에 처해 있다면 지금부터 생각을 바꿔 보자. 역경은 걸림돌이 아니라 디딤돌이다. 역경은 세상에서 가장 훌륭한 학교요, 최고의 훈련센터다. 역경은 나의 멘토이자 스승이다. 역경은 반드시 극복될 수 있다.

이런 태도를 확실히 갖고 도전한다면 당신의 잠재능력은 마음껏 계발될 수 있을 것이다. 역경은 전체적인 삶의 각도에서 길게 볼 때 결코 삶의 부채나 짐이 아니다. 그것은 삶의 자산이고 성공의 자원이다. 당신은 성공하도록 설계되어 있다. 따라서 성공의 설계도를 믿고 전진한다면 지금의 어려움은 반드시 회복될 것이다. 회복력은 모든 인간이 가지고 있는 본질이기 때문이다.

실패에 대처하는 두 가지 길

　　모든 사람은 살면서 수많은 실패와 좌절을 겪기 마련이다. 입시에 실패할 수도 있고, 사업에 실패할 수도 있고, 사랑에 실패할 수도 있다. 또는 믿었던 사람에게 배신당할 수도 있고, 큰 돈을 잃을 수도 있고, 사고나 질병으로 신체적 장애를 입을 수도 있다. 그래서 어떤 철학자는 '인생은 장애물 경기' 라고 표현하기도 했다.

　인생을 살아가면서 건너야 할 장애물은 수없이 많다. 장애물 중에는 예측할 수 있는 것들도 있지만, 전혀 예상할 수 없는 복병 같은 것들도 많다. 그래서 자신도 모르게 걸려 넘어질 수 있다. 평탄하지만은 않은 것이 인생이기 때문이다.

　중요한 것은 그렇게 넘어졌을 때다. 넘어지면 분명히 아프다. 통증은 사람에 따라, 상황에 따라 다르게 느낄 수 있다. 다행히 큰 상처가 아니라면 훌훌 털고 일어날 수 있다. 문제는 상처가 깊고 고통이 클 때다.

　어떤 사람은 한 번의 실패 때문에 남은 인생마저도 포기해 버리기도 한다. 실패의 그늘에서 벗어나지 못한 채 두려움을 안고 살아가기도 한다. 그들은 넘어진 자리에서 일어나지 않은 채 아픔과 괴로움만 되씹고 있는 것이다.

　하지만 어떤 이는 벌떡 일어나서 스스로 상처를 치료하고 자신의 길을 씩씩하게 걸어가기도 한다. 한번 넘어졌다고 해서 계속 그 자리에 넘어진 채로 있을 수는 없기 때문이다. 우리는 둘 중에서 어떤 태도를 가져야 할까.

‘칠전팔기(七顚八起)’ 라는 갈이 있다. 일곱 번 쓰러져도 다시 오뚝이처럼 일어나야 한다. 몇 번을 쓰러지는 다시 일어설 수 있다면 희망은 있다. 인간의 몸과 마음에는 강력한 회복력이 있다. 아무리 깊은 상처도 관리만 잘해 주면 상처가 아물고 새살이 돋는다. 이처럼 인간의 마음과 정신에는 실패와 좌절을 이겨 내는 강한 회복력이 있다. 비록 지금은 깊은 좌절에 빠져 있지만 당신의 회복력을 믿고 잘 관리한다면 스스로 그 나락에서 벗어날 수 있다.

용기의 자양분은 자신감이다

미국의 골프스쿨에서는 ‘골프는 10%가 기술이고, 90%가 자신감이다’ 라고 가르친다. 시카고 대학의 벤저민 블룸 교수가 조사한 결과에 의하면 정상에 선 예술가나 운동선수, 학자들의 놀라운 성공 비결은 타고난 재능이 아니라 추진력과 결단력이라고 한다. 이러한 추진력과 결단력의 바탕에는 자신에 대한 신뢰와 자신감이 있다. 자신감이 만들어 낸 용기가 무언가를 추진하고 결단할 수 있게 해준다.

세상에 돈이 떨어져 가는 것보다 더 무서운 것이 자심감이 떨어져 가는 것이라고 한다. 자신감은 자신의 능력을 믿는 자기신뢰와 자신의 가치를 인정하는 자기존중이 결합된 행동유발인자이다. 따라서 자신감이 있어야 용기를 얻게 되고, 용기가 있어야 원하는 것에 뛰어들 수 있는 것이다. 즉 자신감이 사람에게 용기를 주고, 행동가가 되게 하고, 낙천가를 만든다. 그래서 자신감이 있는 사람은 적극적이고 긍정적이다.

그래서 버질 킹은 "대담하라. 그러면 위대한 힘이 당신을 도와줄 것이다"라고 말했다. 그리고 에머슨은 "할 수 있다고 믿는 사람이 승리한다"라고 말했다.

사람들은 자신감을 잃게 되면 '나는 안 돼', '나는 부족해', '나는 할 수 없어'라는 생각에 빠지게 된다. 그런데 자신의 결점이나 부족한 점 같은 부정적인 면에 자꾸 집착하다 보면 부정적인 힘이 과장되어 나타나게 된다. 사실은 사소한 결점인데 자꾸 그것을 반복해서 생각하면 자신도 모르게 매우 중대한 결함으로 자라나서 당신을 정말로 무능하게 만들어 버린다.

이와 반대로 강점도 똑같은 현상을 보인다. 당신이 가지고 있는 장점과 강점들에 대해 확신을 가지고 반복해서 생각하다 보면 자신도 모르게 그 힘이 자라나서 어떠한 어려움도 극복할 수 있을 정도로 당신을 성장시킨다. 이처럼 생각이나 사고의 반복은 어떤 힘을 자라게 만드는 영양분이다. 당신 마음의 밭에 풍성한 곡식을 가꿀 것인지 무성한 잡초만 자라게 할 것인지는 오직 당신의 결정에 달려 있다.

당신 마음의 밭에 강력한 영양분인 자신감을 심어 보자. 그 자신감의 씨앗에서 용기가 무럭무럭 자라날 것이다. 그리고 그 용기는 당신이 겪고 있는 어려움이나 좌절과 실패로 상처 받은 마음을 회복시켜 줄 것이다.

'Can't' 와 'Can' 의 차이는?

　　1998년, 케이시 매칼리스터라는 11세의 어린 야구선수가 미국 전역에 감동과 눈물의 물결을 일으켰다. 이 소년은 6세 때 트럭에 치여 하반신을 모두 잃었다. 그러나 5년 후에 상반신만으로 지역의 리틀 야구선수로 마운드에 섰다. 케이시는 "내가 모든 것을 할 수 있다는 것을 보여 주고 싶었을 뿐이에요"라고 당차게 말했다.

　　1998년 8월, 세계 최고의 사이클 경주인 '루르 드 프랑스'에서는 교통사고로 한쪽 다리가 3센티미터나 짧은 마르코 판타니라는 이탈리아의 청년이 우승하여 또 한 편의 감동 드라마를 연출했다.

　　지금 당신은 케이시 매칼리스터나 마르코 판타니보다 신체적으로 어려운가? 그렇지 않다면 하지 않을 이유도, 하지 못할 이유도 없다.

　　『적극적 사고방식』의 저자이며 저명한 저술가이자 성직자인 노먼 빈센트 필 박사는 어린 시절에 몸도 약하고, 키도 작아서 엄청난 열등감에 시달렸다고 한다. 그런데 초등학교 수업 시간 때 그의 자신감을 갉아먹던 열등감이란 괴물을 물리칠 큰 무기를 얻게 되었다. 어느 날 담임 선생님이 칠판에 'Can't'란 글자를 써 놓고 부정적 의미의 'Can't'가 긍정적인 의미의 'Can'으로 바뀌는 것이 얼마나 쉬운지 보여주겠다며 Can't에서 't'를 지워 버렸다. 단지 't'자 하나만 지웠을 뿐인데 의미는 180도로 달라지는 걸 보고, 노먼 박사는 큰 깨달음과 자신감을 얻었다고 한다. 그리고 신문배달과 외판원, 점원생활을 하는 등 고달프고 어려운 시간을 보내면서도 그는 언제나 자신감에 차있었다. 1993년에 95세의 나이로 생을 마감할 때까지 '만인의 성직자'로, '긍정적 사고의 전도사'로 절망에 빠진 수많은 사람들에게 자신감을 심어 주었다.

나다니엘 브랜든은 사람들의 분노와 좌절, 스트레스 성공에 대한 두려움, 알코올이나 마약 중독, 성기능 장애, 감정적 미숙함, 자살이나 폭력범죄 등은 모두 정신적인 문제로서 사실상 자신감 부족에 원인이 있다고 주장한다. 사람만이 그런 것이 아니다. 조직이나 국가도 자신감을 상실하면 정체하거나 퇴보한다.

2010년 홍콩에서는 2008년 세계 경제위기로 어려움에 처한 국가와 국민에게 자신감을 심어 주는 '할 수 있다 체조(can-do-exercise)'가 유행했다. 이 체조는 영춘권의 대부인 엽준이 홍콩 마사회의 후원을 받아 계발한 것이다. 엽준은 홍콩 스타 이소룡의 스승인 엽문의 아들로 중국 남권을 대표하는 영춘권을 세계화한 것은 유명하다. 영춘권법을 변형한 'can-do-exercise'의 첫 구령이 이채롭다. '시우(笑)-하우(口)-샹(常)-호이(開)'다. 이는 '항상 입을 열고 웃는다'는 뜻으로 웃음이 행복의 시작이고, 가능성의 시작이라는 의미라고 한다. 두 번째 네 글자 구령은 '쿤틴헤이보(今天 起步)'로, 오늘부터 당장 시작하자는 뜻이다. '자신감을 가지고 긍정적으로 시도하면 무엇이든 할 수 있다'는 희망가인 셈이다.

당신 마음의 밭에서 'Can't'라는 잡초를 뽑고 'Can'이라는 씨를 뿌려라. 그리고 'Can'이 자랄 수 있는 마음의 밭을 일구어라.

부정적인 생각, 부정적인 말, 부정적인 행동은 마음의 밭을 황폐하게 만든다. 긍정적인 생각, 긍정적인 말과 긍정적인 행동은 마음의 밭을 옥토로 바꿔 준다. 황폐한 땅에서는 주로 잡초가 자라지만 옥토에서는 탐스러운 곡식이 자란다. 당신을 살리고 목표를 위해 나아가게 할 탐스런 곡식이 곧 자신감이다.

자신을 속박하는 코끼리의 법칙

인도에서는 옛날부터 수송 수단으로 코끼리를 이용해 왔다. 힘 센 코끼리를 마음대로 조종하려면 강력한 테크닉이 필요했다. 그래서 조련사들은 코끼리가 어리고 힘이 약할 때부터 쇠사슬로 묶어 쇠말뚝에 고정시켜 두었다. 처음에 코끼리들은 벗어나기 위해 몸부림쳐 보지만 어느 순간부터 쇠말뚝에서 벗어날 수 없다는 걸 깨닫고 체념하게 된다.

시간이 흘러 몸집이 커지고 힘도 세져서 쇠말뚝을 벗어날 만큼 충분한 능력을 가지게 되어도 코끼리들은 말뚝에서 벗어나지 않는다. 쇠말뚝은 커녕 아주 작은 말뚝에만 묶어 놓아도 벗어날 생각조차 하지 않는다. 어린 시절부터 말뚝에 묶이면 벗어날 수 없다는 좌절의 경험 때문에 벗어날 생각조차 하지 않는 것이다.

좌절의 경험이 학습되어 자신이 가진 능력을 써 볼 생각조차 하지 않고 그냥 포기해 버린다. 마음만 먹으면 벗어날 수 있는 상황인데도 초기에 주어진 한계 때문에 속박된 채로 일생을 보내게 되는 것이다.

이것은 코끼리뿐만이 아니라 사람들한테서도 많이 찾아볼 수 있는 편이다. 작은 결점이나 좌절일 뿐인데, 거기에 마음이 매여서 평생 얽매여 있는 사람들이 있다. 얼마든지 마음만 먹으면 쉽게 벗어날 수 있는 상황인데도 자신이 만든 울타리에 스스로 속박되어 사는 사람들이 많다. 마틴 마팅코는 '코끼리의 법칙(엘러펀트 신드롬)'으로 이런 속성에 대해 잘 설명하고 있다. 아무리 옆에서 그것은 별게 아니라고 말해 줘도 그들은 자신의 귀를 두 손으로 막고 아픈 좌절의 기억 속에 침잠해 있다. 마치 쇠말뚝에 묶인 코끼리처럼.

모든 사람에게는 하루 1,440분이란 시간이 공평하게 주어진다. 그리고 능력이나 재능 또한 비교적 공평하게 주어져 있다. IQ를 비롯한 여러 가지 능력지수도 능력이나 성공의 절대적 잣대가 아니다. 결점이나 부족한 점 때문에 당신의 능력이 없거나 성공하지 못한 게 아니다. 아인슈타인은 "인간은 자기 능력의 18%도 활용하지 못하고 죽는다"고 말했다. 즉, 자신이 가진 능력을 계발도 하지 않은 채 "나는 이것밖에 못해" "너무 어려워"라는 말로 스스로에게 한계를 만든다.

이제 "나는 이것밖에 못해"라는 비관 대신 "남들 다 하는 것을 나라고 왜 못해", "나도 얼마든지 할 수 있어"라는 긍정으로 바꿔보자. 이렇게 생각만 고쳐먹으면 된다. 거기서부터 시작하면 된다. 실패의 쓰라린 경험이나 자신의 결점에 대한 열등감 따위는 아무 짝에도 쓸모없는 것이다. 그런 건 그냥 쓰레기통에 처박아 버리면 된다.

지금까지 자신을 신뢰하고 자기가 가진 수많은 장점들을 인정하고, 감사한 적이 있었는지 생각해 보라. 찬찬히 자신을 살펴보면 못 가진 것보다 가진 것이 훨씬 많고, 단점보다 장점이 더 많다는 걸 깨달을 수 있을 것이다. 자신의 못난 점, 부족한 점에만 묶여 있던 자기한정에서 벗어나 자신에 대한 감사와 신뢰를 느낄 수 있을 것이다. 그러면 자신이 얼마나 놀라운 능력을 갖고 있으며, 자신의 노력과 의지로 얼마든지 그 능력을 개발하고 발휘할 수 있다는 확신을 가질 수 있다. 새로운 도전의 출발점은 스스로 만든 한계에서 벗어나는 것부터다.

실패에서 배운다

닉 리슨은 233년 역사를 가진 영국 베어링스 은행의 몰락을 가져온 장본인이다. 그는 1995년에 베어링스 은행의 싱가포르 지점에서 수석중개인으로 근무하면서 투자 손실을 만회하기 위해 일본 주식에 올인했다가 무려 13억 달러를 날려 버려 베어링스 은행을 파산으로 몰고 갔다. 그런데 미국의 한 은행이 닉 리슨에게 고액의 연봉을 제시하며 스카웃 제의를 했다.

이 소식을 듣고 많은 사람들이 깜짝 놀랐다. 회사를 크게 성공시킨 것이 아니라 망하게 만든 장본인에게 그런 고액의 연봉을 제시하며 프러포즈를 했다는 것에 의아해 했다. 그런데 그 미국 은행의 논리가 "그가 남의 돈으로 축적한 놀라운 실패의 경험을 우리는 아주 싸게 구입할 수 있으니 엄청난 이익이다"라는 것이었다.

한편 닉 리슨은 싱가포르에서 4년 간 수감 후 1999년에 결장암 진단을 받고 석방되었다. 그 뒤로는 여러 기업을 돌아다니며 악덕 중 개인의 위험성을 경고하고 자신의 경험을 전수하는 강의를 하였다. 그는 결국 실패를 팔고, 실패의 경험을 밑천으로 재기에 성공할 수 있었다.

기업이나 개인의 실패가 성공을 위한 귀중한 보물이라는 인식이 점차 확산되면서, 일본 같은 나라에서는 실패학이 붐을 이루기도 했다. 미국의 실리콘밸리도 성공한 사람들의 집합소가 아니라 실패한 사람들의 거대한 무덤 위에 건설된 궁궐이라는 말도 있다.

개인에 있어서도 실패는 최고의 자산이 될 수 있다. 영국의 언론 제국 피어슨 그룹의 마저리 스카디노 회장은 "실패는 나의 수업료였다"라고 말했다. GE는 제품마다 사고나 고장 등에 대한 모든 정보를 체계적으로 정리한 것을 보물로 여긴다고 한다.

일본의 도쿠가와 이에야스는 다케다에게 패한 후, 겁에 질려 똥오줌을 지리면서 도망할 때도(1572년) 화공을 불러 그 모습을 있는 그대로 그리게 했다고 한다. 오늘의 패배를 앞으로 살아갈 날의 교훈으로 삼기 위한 도쿠가와의 이런 행동은 훗날 일본 실패학의 모델이 되었다. 일본 봉건 시대를 바꾼 혁명가 오다 노부나가도 "실패보다 더 나쁜 것은 아무 일도 하지 않는 것이다. 실패는 거친 오르막길이지만, 무사안일은 죽음으로 가는 미끄러운 내리막길이다!"라고 말했다고 전해진다.

실패는 그 자체로서는 좋은 것이 아니다. 그러나 인생의 전체 과정에서 실패는 얼마든지 훌륭한 교사가 될 수 있다. 또한 전진을 위한 자극이 될 수 있다. 한 번의 실패 후에 그만둬 버린다면 그것은 가치 없는 일이 될 것이다. 그러나 실패한 후 다시 도전한다면, 결코 그 실패는 실패라고 단정 지을 수 없다. 따라서 진짜 실패란 어떤 의미에서는 행동을 그만둔 바로 그 시점이 될 것이다.

실패의 5가지 가치

첫째, 실패는 더 나은 방법을 가르쳐준다.

에디슨은 전구를 발명하기 위해 2만5천 번의 실패를 했다. 그의 실패를 비웃는 사람들에게 그는 "단 한 번도 실패한 적이 없다. 다만 전구를 만들 수 없는 2만 5천 가지의 방법을 알아냈을 뿐이다"라고 말했다. 결국 에디슨은 2만5천 번의 실패를 통해서 더 나은 방법으로 엄청난 역사적 성공을 이루어 낸 것이다.

둘째, 실패는 당신이 뭔가 노력했다는 증거다.

티베트의 정신적 지도자인 달라이 라마는 미국 방문 중 대학 졸업생들에게 '인생에서 9번 실패했다면 9번 노력한 것' 이라는 티베트의 속담을 말해 주었다. 혼다자동차 설립자인 혼다 소이치로는 "내가 한 일 중에서 성공은 단지 1%이며, 99%는 실패의 연속이었다"라고 말했다.

시도하지 않으면 실패도 없다. 오직 계속 시도하고 행동한 사람에게만 주어지는 것이 실패인 것이다.

셋째, 실패는 경력보다 중요한 경험이다.

산업화 시대에는 학력과 경력이 중요했다. 어느 학교를 나와 어느 조직에서 얼마나 오랫동안 일했느냐, 어느 직책까지 올라갔느냐가 그 사람의 대외가치였다.

그러나 정보지식사회에서는 학력이나 경력보다 어떤 경험을 했느냐가 훨씬 중요해졌다. 경험이 그 사람의 대외가치요, 시장가치가 된 것이다. 새로운 사회에서는 경력이 부담이나 걸림돌이 될 수 있지만, 경험은 그 사람의 자산이 될 것이다.

실패는 경우에 따라서 훌륭한 경험이 된다. 실패한 경험들이 쌓여서 뭔가를 창출해 낼 수 있기 때문이다.

일반적으로 신약이나 신 물질을 개발하는 데는 약 1만2천 번의 실패를 거쳐야 하고, 석유 탐사에도 평균 25번 실패해야 하나의 유전을 발견할 수 있다고 한다. 이 같은 사실은 모두 실패가 경험의 자산임을 말해 주는 사례들이다.

넷째, 실패는 하나의 사건일 뿐이다.

인생은 수많은 사건들로 이루어진다. 실패는 이 많은 사건들 중에 한 요소이거나, 일정한 단계다. 아이가 태어나 걸음마를 배울 때, 옹알거리며 말을 배울 때, 얼마나 많이 넘어지고 실수를 하는지 당신은 알 것이다. 사실 이런 것들은 그 아이의 인생에 있어서 중요한 사건들이며, 필수적으로 거쳐야 하는 단계다. 이런 사건들과 단계가 아이를 성장시키는 것이다.

다섯째, 실패는 삶에 대한 적극적인 자세를 나타낸다.

소극적이거나 부정적인 사람은 안 된다고 생각한다. 안 된다고 생각하면 도전하지 않게 된다. 안 되는 일을 왜 하겠는가? 도전하지 않으면 실패할 일도 없다.

그러나 적극적인 사람은 된다고 생각한다. 그래서 도전한다. 그래서 실패해도 다시 하면 된다고 생각한다. 그래서 다시 도전한다. 도전과 실패에 대한 태도가 인생을 결정한다. 기업의 경우 실패에 대한 태도가 조직의 흥망을 결정한다.

당신은 지금까지 겪은 실패에서 어떤 교훈과 깨달음을 얻었는가. 혹시 좌절의 괴로움만 곱씹고 있었던 것은 아닌가. 당신의 인생에서 소중한 자산이 되어 줄 실패의 기억을 다시 꺼내보자. 그 속에는 당신이 깨닫지 못했던 수많은 가르침이 있을 것이다.

'우리의 실패를 팝니다'

일본 북해도의 유바리 시는 인구 12만의 탄광도시였다. 그러나 매장량 고갈로 폐광되자 지역경제가 어려워졌다. 시 당국은 지역경제를 살리기 위해 직접 대대적인 관광 투자를 벌였다. 한때 '유바리 국제 판타스틱 영화제'로 우리에게까지 알려질 정도로 관광객 유치를 위해 많은 투자를 했다. 그러나 관광시설에 대한 과잉 투자로 360억 엔이 넘는 빚을 지고 유바리 시는 2006년 6월에 파산했다.

12만의 인구가 1만 2천명으로 줄고, 공무원도 절반 가까이 감축되었다. 2007년 3월부터는 정부의 관리를 받으면서 18년 동안 빚을 갚아 나가야 하는 상황이 되었다. 파산한 유바리 시는 재건을 위해 무슨 일이든 해야 했다.

고민 끝에 2007년 가을엔 도시의 몰락 과정을 소개하는 '유바리 다큐멘터리투어'를 만들어 냈다. 그리고 반면교사형 관광 상품인 이 다큐멘터리를 국내외와 지방자치단체에 판매했다. 한마디로 '우리 도시의 실패를 팝니다' 였다. 실패의 경험을 무형의 관광자원으로 만들어 지역 살리기의 밑천으로 사용한 것이다.

자신의 실패를 파는 경우는 특히 작가나 연설가들한테서 많이 나타난다. 그들은 자신이 성공한 것, 잘된 것보다는 실패하고 좌절한 경험들을 많이 말한다. 왜냐하면 사람들은 실패를 딛고 성공한 것에 관심을 가지기 때문이다. 왜 실패했는지, 어떻게 그 실패를 딛고 일어섰는지가 중요하기 때문이다.

당신에게 실패한 경험이 있다면 그것을 팔 수 있는 아이디어를 생각해 보자. 당신이 겪은 실패의 경험은 누군가에겐 돈을 주고서라고 알아야 할 교훈이 될 수 있다.

또한 당신도 다른 사람의 실패를 반면교사로 삼아야 한다. 다른 사람의 실패를 비웃으면서 자신도 똑같은 실패를 겪는 것처럼 어리석은 짓도 없다. 누군가의 실패를 당신의 성공 에너지로 바꿀 수 있도록 그 속에서 교훈을 찾아야 한다.

죽음에 이르는 6가지 공포

　　미국의 석유재벌 하워드 휴즈는 밤낮 불안과 죽음의 공포에 시달렸다고 한다. 모든 사람이 자신을 해치고 전 재산을 빼앗아 갈지도 모른다는 불안감 때문에 정상적인 생활을 하지 못했다. 극심한 공포에 사로잡혀 아무와도 만나지 않고 혼자 호텔방에 틀어박혀 살았다. 음식에 독이 들었을까 봐 통조림만 먹었고, 면도날에 베일까봐 면도나 이발도 안 했다. 그래서 그가 호텔방에서 죽은 채 발견되었을 때 그의 머리카락 길이는 2m 정도나 되었다고 한다. 무엇보다 세상을 놀라게 한 건 그의 사인이 영양실조였다는 것이다. 공포라는 괴물이 억만장자를 영양실조로 죽게 만든 것이다.

　공포에 빠지면 인간은 길을 잃고 무기력함해진다. 공포는 인간의 자부심과 자신감을 박살내고 스스로를 낙오자로 만들어버리는 자살폭탄 같은 것이다. 인간은 주로 여섯 가지에 대해 공포를 느낀다고 한다. 사회적 비판, 실연, 가난, 질병, 노령, 죽음에 대한 공포는 단순한 감정의 문제가 아니라 가치관과 삶을 좌우하는 것이다.

　사실 우리가 공포 때문에 해야 될 일을 하지 않고 해서는 안 될 일을 하는 어리석은 짓을 얼마나 많이 범하는가. 사회적 비판에 대한 공포 때문에 자신의 소신보다 남이 하는 대로 따라했고, 남이 자신을 어떻게 평가하는지에 신경을 곤두세우며 살아왔다.

　사실 비판은 누구나 피하고 싶은 두려움이다. 그러나 비판 없이 자기를 수정하고 지속적으로 성장하기는 어렵다. 때로는 비판과 친해야 한다. 얼마나 열린 마음으로 다른 사람의 비판이나 사회적 비판을 잘 견디느냐 하는 능력이 비판 친숙도다. 비판 친숙도가 높은 사람에게는 리더의 자격이 있다. 비판은 피해야 할 대상이 아니라 극복의 대상이다. 비판의 두려움을 극복하면 당신은 한 단계 성숙하게 된다.

실연에 대한 공포 때문에 누군가를 진심으로 사랑하지 못하고, 사랑하는 사람이 있어도 믿지 못하는 사람이 많다. 그런 사람들에게 사랑은 행복이 아니라 고통이다. 때로는 의처증이나 의부증 같은 정신적 문제로 나타나 자신뿐만 아니라 다른 사람들도 고통스럽게 만든다.

가난에 대한 공포는 가난에 의한 좌절과 맞물려 더 큰 고통을 만들어 낸다. 새로운 도전이나 시도를 가로막는 것은 물론이고 끊임없는 결핍감과 집착을 일으킨다. 아무것도 할 수 없게 만들고, 그래서 더욱 괴로움에 시달리는 악순환을 만들어 버린다.

질병도 걱정으로 해결되는 것이 아니다. 요즘엔 건강염려증이라는, 눈에 보이지 않는 세균에 감염된 사람도 많다. 그들은 병에 대한 스트레스 때문에 스스로 병을 만든다. 건강을 위해 식습관을 조절하고 운동을 하는 대신 여러 병원을 전전하며 병에 대한 공포를 키우고 있다. 생로병사는 태어난 이상 필연적으로 겪을 수밖에 없는 인생의 과정이다. 그런데 그 가운데 늙는 것과 죽음에 대한 공포에 사로잡혀 스스로를 망치는 사람도 많다.

늙는 것을 막기 위해 과도한 성형수술로 얼굴을 망쳐버리거나 약물 중독이 되는 경우도 있다. 그리고 죽음에 대한 공포는 위에서 보았던 하워드 휴즈처럼 스스로를 파멸로 이끌기도 한다.

공포에 빠지면 사람은 아무것도 할 수 없는 상태가 된다. 마치 늪에 빠진 사람처럼 파멸이 다가오는 것을 지켜보는 일밖에 할 수 없다. 죽음에 이르는 병은 암 같은 신체적 질병만 있는 것이 아니다. 공포나 고독, 심한 열등감 같은 심리적 요인도 사람을 파멸에 이르게 만드는 심리적 질병이다.

적당한 정도의 공포나 두려움은 인간을 각성하게 하고 준비하게 하는 순작용도 하지만, 극심한 공포나 두려움은 인간을 행동하지 못하는 불구로 만드는 무서운 질병이다. 그것은 당신의 행복과 성공의 길목을 가로막는 커다란 장애물이다. 어떤 사람은 공포란 장애물을 피하고 어떤 사람은 맞선다.

공포는 피한다고 없어지는 것이 아니다. 끈길지게 따라붙는다. 그러나 공포에 맞서면 당신은 그 실체를 알게 되고 두려움을 극복할 방법을 찾게 될 것이다. 그때부터 당신은 공포를 극복할 수 있게 되고 공포의 주인이 될 것이다. 공포의 주인이 되는 데 필요한 요소는 단 한 가지, 용기다. 용기는 생각이 아니고 행동하는 것이다.

용기있는 생각이란 없다. 용기있는 행동만 있을 뿐이다. 마크 트웨인은 "용기란 두려움이 없는 상태가 아니라 두려움에 저항하고 그것을 극복하는 것"이라고 했다.

용기는 당신을 공포로부터 벗어나게 하는 강한 회복력의 다른 이름이다.

당신이 생각하고 있는 것은 걱정인가 해결책인가

걱정이 많은 사람들이 있다. 이런 사람들은 별것 아닌 일도 심각하게 생각하고, 아직 일어나지도 않은 일에 불길한 상상을 더하여 스스로 걱정거리를 만드는 편이다. 그럼 이들은 왜 걱정이 많은 것일까? 그것은 두려움 때문이다. 누군가의 비판이 두렵고, 마음에 상처를 입을까 봐 두렵고, 돈이 없거나 병에 걸리거나 죽을까 봐 두려워한다. 그 두려움이 걱정을 만드는 것이다.

걱정은 마음의 근심이다. 따라서 걱정은 마음을 괴롭힌다. 마음이 괴로우면 마음에 탈이 생기고 그것이 마음의 병이 되어 만병의 근원이 된다고 한다. 데일 카네기는 "걱정만큼 인간을 빨리 늙게 하고, 추하게 하며, 마음을 어지럽히는 것은 거의 없다. 걱정은 표정을 굳게 하고, 얼굴에 주름살을 만들고, 흰머리와 탈모의 원인이 되기도 한다."고 말했다.

그렇다면 근심과 걱정으로부터 벗어나는 방법은 없을까?

누군가 달라이라마에게 이렇게 물었다. "티베트를 걱정하는가?" 그 질문에 달라이라마는 이렇게 대답했다. "티베트를 걱정한다. 그러나 그 걱정에 빠지지는 않는다."

이처럼 어느 누구의 마음속에든 공포와 걱정은 있다. 그러나 그것에 빠지지 않아야 몸과 마음의 건강을 유지할 수 있다. '병에 걸리지는 않았을까' 라는 적당한 걱정은 우리로 하여금 건강에 관심을 갖게 만든다. 스스로 건강 진단을 받고, 주기적으로 운동을 하고, 금주와 금연을 실천하게 만든다. 이럴 경우 걱정은 우리를 더 나은 방향으로 인도해 준다. 즉 걱정으로부터 자유로워지기 위해 자기를 관리하게 만드는 것이다.

이런 사람들은 걱정의 주인이 된다. 걱정을 활용하여 자신의 인생을 재점검하고 앞으로 나아가게 하는 추진력으로 삼은 것이다. 사랑하는 사람을 빼앗길지도 모른다는 적절한 걱정은 연인 사이에 적당한 긴장을 유지시켜 준다. 죽음에 대한 적절한 공포와 걱정은 인간의 행동에 도덕적 규범을 활성화시키고, 종교를 통해 죽음을 준비할 수 있게 한다.

그러나 도를 넘어서는 공포와 걱정은 일반적 마음의 상태가 아닌 마음의 질병이다. 이 병에 걸린 사람은 공포와 걱정의 노예가 되어 그 속에서 빠져나오지 못하고 인생의 강물에서 허우적거리며 앞으로 나아갈 수 없다.

당신은 지금 어떤 걱정을 하고 있는가? 만약 당신이 걱정하고 있는 그 일이 당신 힘으로 해결할 수 없는 것이라면 그냥 잊어버리는 게 낫다. 그것은 걱정한다고 해서 해결되는 일이 아니기 때문이다. 당신이 생각해야 할 것은 문제를 해결하기 위해 당신이 할 수 있는 일이다. 걱정은 걱정으로 끝날 뿐이다. 그러니 걱정에 빠지지 말라.

걱정에서 해방되는 방법

심리학자 어니 J 젤린스키는 『모르고 사는 즐거움』에서, 우리가 하는 걱정 중 40%는 현실로 일어나지 않는 일에 대한 것이고,

30%는 이미 일어난 일이고, 22%는 걱정하지 않아도 될 사소한 것들이고, 4%는 우리 힘으로 어쩔 수 없는 것이고, 오직 4%만이 우리가 바꿀 수 있는 것이라고 말했다. 즉 4% 외에는 쓸데없는 생각이 많다는 것이다.

사실 사람들 중에는 그냥 놔둬도 될 문제를 소재로 삼아 걱정의 씨앗을 심고 걱정을 키우는 경우가 많다. 쓸데없는 생각이 부정적 심리상태와 만나 두려움을 만들어 스스로 걱정과 공포를 키우는 것이다. 그럼 걱정하면 문제가 해결될까? 절대로 아니다. 오히려 걱정과 공포는 문제를 더욱 키운다. 부정적인 방향으로 마음이 향하게 되면 걱정이 걱정을 만들고, 더 큰 걱정으로 키우게 된다.

하지만 한 번 걱정에 빠지면 쉽게 거기에서 헤어 나오지 못한다. 마음으로는 걱정하지 말아야지 하면서도 어떻게 해야 걱정에서 빠져나오는지 방법을 모르기 때문이다. 그래서 갈렌 리치필드는 걱정을 없애는 4단계 방법을 주장했다.

> **1단계는 무엇에 대해 걱정하는지 자세히 기록하라.**
> **2단계는 그것에 대해 당신이 할 수 있는 방법을 기록하라.**
> **3단계는 무엇을 할 것인가를 결정하라.**
> **4단계는 그 결단을 즉시 실행하라.**

일단 명확한 결단을 내리면 걱정의 50%가 소멸하고, 해야 할 일을 실행에 옮기면서 걱정의 40%가 소멸될 수 있다는 것이다. 즉 걱정만 하는 것이 아니라 해결 방안을 찾아서 그것을 실행할 때 걱정에서 해방될 수 있다.

특히 나폴레온 힐은 "공포에 맞서라. 그러면 공포가 사라질 것이다"라고 단언하며 행동의 중요성을 강조했다.

만약 건강이 걱정된다면 행동으로 맞서면 된다. 우선 속 시원히 건강 진단을 받고, 당장 밖으로 나가 운동을 시작하고, 자신의 몸에 맞는 식습관을 만드는 것이다.

일자리를 잃을지도 모른다는 걱정이 들면, 어제보다 더 열심히 더 창의적으로 일하고 덧붙여 자신의 가치를 높일 수 있는 행동을 해 보라. 경제적 어려움이 걱정되면 어떻게 해야 될지 누구든 알고 있을 것이다.

세상에는 2종류의 사람이 있다. 생각에 빠져 걱정만 하다 공포에 갇혀 버리는 사람과, 지금 당장 문을 박차고 행동을 시작하는 사람. 문제는 그 둘 중에서 후자가 되길 거부하는 사람이 많다는 것이다.

공포와 걱정의 벽을 깨면, 공포와 걱정의 주인이 되면, 그것으로부터 자유로워지면, 엄청난 보상이 뒤따른다. 신나는 미래가 약속되고, 새로운 에너지가 끊임없이 솟아난다. 이 모든 결과는 오직 행동할 때만 얻을 수 있는 것이다.

지금 뭔가 걱정이 된다든지, 무슨 일을 하는 것이 두렵다든지, 갖가지 공포에 갇혀 무기력한 상태에 있다면 일단, 무엇이든 부딪혀 보라. 걱정과 두려움과 공포의 벽에 힘껏 부딪치며 '브라보'를 외쳐 보라.

그리고 벌떡 일어서 보라. 앞으로 갈 수 있는 길이 보일 것이다.

07

학습력
일곱 번째 영향력

사형 집행일에 간수가 세 명의 사형수를 불러 흥미로운 제안을 했다.

"내가 낸 문제를 맞히는 사람은 풀어 주겠다."

세 명의 사형수는 간수의 제안에 모두 동의했다. 간수는 사형수들에게 빨간색 모자 세 개와 노란색 모자 두 개를 보여 주었다. 그리고 사형수 세 명을 앞사람의 뒤통수만 보도록 일렬로 세웠다. 간수는 무작위로 모자를 선택해서 사형수들에게 씌웠다. 그리고 자신이 쓴 모자의 색깔을 맞추는 사람을 풀어 주기로 했다.

첫 번째 사람은 어느 것도 볼 수 없다. 두 번째 사람은 앞사람의 모자 색깔만 볼 수 있다. 세 번째 사람은 앞의 두 사람의 모자 색깔을 볼 수 있다. 30여 분의 정적이 흐른 후 한 사형수가 자신이 쓴 모자 색깔을 맞추고 풀려났다. 이 사람은 몇 번째 사형수이며 그 모자 색깔은 무엇일까?

- 답은 이 장의 마지막 부분에 있다.

학습은 당신의 가능성을 열어 줄 유일한 무기다

20세기에는 학교를 마치고 졸업장과 자격증을 취득하면 웬만한 직장에 들어갈 수 있었다. 직장에 들어가서는 특별한 학습이나 자기계발이 없이도 학교에서 배운 것만으로 정년까지 보장 받을 수 있었다.

개인의 입장에서 직장의 가장 큰 의미는 '노후 보장' 이었다. 그래서 좋은 학교를 졸업하거나 고학력자들은 좋은 직장과 많은 기회를 가질 수 있었고, 수십 년은 신분과 경제적 안정을 보장 받고 조직 속에서 살았다. 그렇지 않은 대부분의 사람은 학력이나 학벌 불이익에서 벗어나지 못했다.

어느 학교를 나왔고 어떤 학위나 어떤 자격증을 갖고 있는지만 따지지 그 사람이 학교를 졸업한 후에 무엇을 어떻게 배우고 학습했는지는 중요하게 여기지 않았다.

그러나 모든 것이 달라지고 있다. 이젠 당신이 학교에서 배운 지식과 젊은 시절의 졸업장, 자격증으로는 변화하는 환경에 적응할 수가 없게 된 것이다. 21세기에 접어들면서 이런 환경에 본격적인 변화가 일어나기 시작했고, 앞으로 그 변화의 속도는 사람들의 예상보다 훨씬 클 것이다. 변화의 방향은 명확하다. '안정' 이 깨진다는 것이다. 고용안정을 보장할 조직은 이제 그 어디에도 없다. 21세기엔 '고용안정' 보다 더 중요한 개념이 '고용가능성' 이다.

우선 학습의 패러다임이 혁명적으로 바뀌고 있다. 지식의 유통기한이 짧아졌다. 매일 수백편의 과학논문이 쏟아지고, 그중 상당수는 과거의 지식을 쓸모없는 지식으로 내몰고 있다.

새로운 제품이 쏟아지면서 지금까지의 가치 있던 제품들을 폐품으로 만들어 버리는 것처럼, 새로운 지식은 과거의 지식을 쓸모없는 지식으로 만들어 버린다. 이것을 미래학자 앨빈 토플러는 『부의 미래』에서 '무용지식(Obsoledge)'이라고 했다 무용지식(obsoledge)은 무용한(obsolete)과 지식(knowledge)을 합해서 토플러가 만들어 낸 신조어다.

이제 '안정'이란 단어를 당신 머릿속에서 지워 버려라. 그리고 그 자리에 '가능성'이란 단어를 집어넣어라. 조직에서의 생존과 성장 가능성, 새로운 조직으로의 이동 가능성에서 비즈니스 성공 가능성까지, 모든 가능성의 문을 열어 주는 것은 당신의 몸값을 높이는 것이다. 몸값을 높이는 가장 좋은 길은 오직 교육과 훈련이다. 즉 학습만이 가능성의 문을 열어 줄 수 있는 것이다.

학습하는 직장인이 되어야 한다. 학습하는 사업가가 되어야 한다. 학습하는 선생님이 되어야 하고, 학습하는 의사가 되어야 한다. 당신은 학습하는 사람인가?

무엇을 어떻게 배울 것인가?

학습을 통해 얻은 지식은 21세기에 가장 중요한 성공의 에너지다. 앨빈 토플러는 『부의 미래』에서 21세기 부의 심층기반이 시간, 공간, 지식이라고 주장했다.

부자가 되고 싶으면 지식이 있어야 한다. 경영자는 지식경영자가 되고, 근로자는 지식근로자가 되고, 자영업자는 지식사업가가 되어야 부를 얻고 각자의 분야에서 생존할 수 있는 것이다. 그렇다면 우리가 배워야 할 지식이란 무엇인가?

피터 드러커는 '자신의 일을 개선, 계발, 혁신해서 끊임없이 부가가치를 창출하는 행위'를 지식이라고 정의했다. 그의 말에 의하면 우리는 자신이 소속된 조직에서 그 지식을 배우고 있을 것이다. 그러나 부족하다. 그래서 개인 학습이 필요하다. 개인적으로 필요한 지식을 선택해서 학습해야 준비된 가능성을 가진 인생이 된다.

벤치에 앉아 있는 동안에도 늘 출전 준비를 해야 한다. 쉬고 있는 시간에도 늘 무언가를 학습하고 훈련하는 사람은 보통 사람과 다른 대우를 받게 된다. 그런 사람들을 우리는 흔히 '프로'라고 부른다. 1996년 유네스코 세계교육전망보고서는 21세기를 '평생 공부하는 사회'라 전망하고 미래 교육의 4대 분야를 다음과 같이 제시했다.

· 지식 습득
· 일하는 방법 습득
· 사는 법 배우기
· 인간됨 배우기

새로운 지식을 습득하고, 새롭게 일하는 방법을 터득하고, 더 행복하게 잘살 수 있는 삶의 기술을 익히고, 나아가 어디에든 이로운 사람이 되는 것이 평생학습사회의 목표인 것이다.

21세기의 가장 강력한 학습 주체는 조직

　　경영학의 대부이면서 20세기 최고의 지성으로 불리는 피터 드러커는 21세기의 모든 조직은 '배우면서 동시에 가르치는 조직'이 되어야 한다고 강조했다. 모든 조직은 혁신해야 생존할 수 있고 혁신하기 위해서는 학습이 필요하다는 것이다. 학습은 변화 적응 전략이고 조직의 가장 중요한 경영 전략이다. 그래서 학습에 가장 정성을 들이고 학습을 조직 경영의 핵심으로 활용해야 하는 곳이 기업이다.

　1896년 다우존스 산업지수에 최초로 포함된 12개 우량 기업 중 현재까지 생존한 유일한 상장기업인 GE의 장수 비결은 지속적인 변화와 혁신이다. GE의 변화와 혁신을 추진해 갈 리더와 인재를 만드는 곳이 GE의 크로톤빌 연수원인데, 이곳의 예산은 연간 10억 달러가 넘는다고 한다. 세계 최대의 컨설팅 사인 액센츄어의 CEO 윌리엄 D.그린은 한 인터뷰에서 '요즘 가장 큰 관심사가 무엇이냐'는 질문에 이렇게 대답했다.

　"사람입니다. 어떻게 최고의 인재를 찾아서 훈련시킬까? 결국 좋은 인재를 가진 회사가 이긴다고 봐요. 그래서 우리는 직원교육에만 연간 8억 달러를 씁니다."

　인재를 찾아 그냥 쓰는 게 아니라 교육시키고 훈련시켜서 필요한 인재로 육성한 뒤 활용한다는 것이다.

　미국의 카우프만 재단은 최근 보고서에서 인도의 혁신적인 인력 관리 비법을 소개했는데, 인도 기업들은 특정 분야의 경력이나 기술보다 기본적인 업무 능력과 태도를 먼저 보고 채용한 뒤, 사내 교육프로그램을 통해 개인의 기술 격차를 따라잡게 한다고 한다. 그래서 인도 기업들은 신입사원 교육에 막대한 시간과 돈 등 노력을 투입하고 이들을 육성키 위해 지속적으로 교육을 업그레이드 한다는 것이다. 보고서는 인도가 정규 교육 시스템이 열악한 상황에서도 산업 현장 교육 프로그램을 통해 최고 수준의 엔지니어를 키워냈다고 보았다.

기업은 이제 가장 강력한 학습의 주체가 되었다. 어떤 의미에선 대학을 가장 위협하는 경쟁자가 기업이 될지도 모른다. 그동안 학교에서 키워 낸 인재를 공급 받아 활용만 했던 기업이, 이젠 인재를 찾아 육성하고 훈련하는 일을 그들의 핵심 경영 활동으로 생각하게 된 것이다. 앨빈 토플러는 민간 기업이 21세기에 성공하기 위해서는 총 투자의 1/3을 교육 훈련에 투입해야 한다고까지 주장하였다.

전통복지(Welfare)에서 학습복지(Learnfare)의 시대로

최근 들어 복지의 패러다임이 전통복지(Welfare)에서 고용복지(Workfare)를 지나 학습복지(Learnfare)로 변화하고 있다. 고용안정에서 학습과 훈련을 통한 고용 가능성으로 복지의 개념까지 바뀌고 있는 것이다

최근 한 연구에 따르면 평생학습 참가율이 1%높아지면 1인당 GNP가 332달러 증가하는 것으로 나타났다. 1999년 미국의 기업대

상 조사에서는 시설 투자를 10% 늘릴 경우 생산성이 3.6% 증가한 반면, 교육 훈련 투자를 10% 늘리면 8.4%의 생산성 증가를 보이는 것으로 드러났다.

인적자원 관리 분야의 세계적 석학인 제프리 페퍼 교수는 기업이 할 수 있는 투자 중에서 가장 투자 수익률이 높은 분야 중 하나가 인재 관리에 대한 투자라며, 평균적으로 인적자원에 대한 투자수익률은 30~50%에 이른다고 주장한다.

이제 학습은 국가나 기업, 개인 모두에게 가장 중요한 투자가 됐다. 특히 성인학습인 평생교육은 투자의 생산성이 갈수록 높아질 것으로 보인다. 피터 드러커는 21세기에 두 자릿수의 성장을 할 수 있는 산업은 오직 교육과 건강 분야로 보았다. 특히 성인교육 분야의 성장 가능성에 무게를 두었다.

이런 상황을 우리는 어떻게 대처하고 있는가?

북유럽 대부분이 학습복지를 국가 발전의 핵심 전략으로 세우면서 노르웨이, 스웨덴, 핀란드 국민들의 평생학습 참여율은 50%를 넘는다. 반면에 대학 진학률의 80%를 넘어 세계 최고 수준인 우리나라의 평생학습 참여율은 2005년 기준으로 29.8%에 머물고 있다. 더욱 큰 문제는 평생학습의 내용 중 절반가량인 48.7%가 취미, 여가, 스포츠 등 인력의 질을 높이는 것과는 거리가 있는 분야라는 점이다.

21세기 지식사회에서 앞서 나가기 위해서는 국가적으로나 개인적으로 평생학습에 대한 관심이 획기적으로 높아져야 한다. 각 조직마다, 각 개인마다 새로운 학습 전략이 필요하다. 당신의 학습 전략을 수립하고 실행해야 할 시기는 바로 지금이다.

핵심 능력을 키워라

강원도에서 태어나 23년간 강원도에서 자란 토종 한국인이 두바이의 7성급 호텔 버즈 알 아랍 총 주방장으로 근무하면서 한식을 세계에 홍보하고 있다. 30대 후반인 권영민 씨(에드워드 권)는 영동대 호텔조리학과를 나온 뒤 군대를 제대하고 첫 직장으로 용평 리조트에 취직했다.

새벽 2시에 리조트에 도착해 새벽 4시부터 두 달 간 청소와 무 썰기까지, 죽을 각오로 일했다. 이 같은 성실함과 근면함이 그가 일하는 어떤 곳에서든 눈에 띄었다. 그리고 리츠 칼튼 실습생 때 프랑스인 총주방장의 눈에 띄어 호텔에 취직했고, 29세 때 외국 호텔 측의 러브콜을 받아 세계에 진출했다. 그리고 지금 그는 한국을 대표하는 세계적 요리사가 되었다.

금융감독원에 따르면 2007년도 연소득 1억 원 이상을 버는 보험설계사가 1만 1천 명이나 되는 것으로 나타났다. 21만여 명의 보험설계사 중 1만 명 이상이 억대연봉자라는 것이다. 이들을 우리는 프로라고 부른다. 2006년 가을에 천재연구논문을 최초로 집대성한 『케임브리지 편람』에 의하면 예술, 과학 분야에서 성공한 사람들의 IQ는 보통사람보다 약간 높을 뿐이며, 그들의 노력은 보통사람들의 5배나 된다고 한다.

이들은 한결같이 학교에서 배운 것보다는 사회에 나와 현장에서 성실하게 훈련하고 학습하여 자신의 능력을 계발한 경우다. 즉, 천재와 보통 사람의 지적 능력의 차이는 질보다 양이라는 의미로도 해석될 수 있다. 다중지능이론의 창시자인 하워드 가드너는 8가지 다양한 지능이 인간 누구에게나 존재하며, 뛰어난 업적을 낸 사람들은 특정 분야에서 자신의 뛰어난 지능을 발견하고 그것을 성공적으로 계발한 사람들이라고 주장한다.

자신의 장점을 발견하기 위해서 애써야 되며, 자신의 장점을 발견한 후에는 그 장점이 능력으로 바뀔 수 있도록 더욱 노력해야 한다. 노력의 양을 5배 높이면 누구든 천재나 프로가 될 수 있다. 노력 없이 프로가 될 수 없다. 마찬가지로 노력 없이 천재가 될 수도 없다.

프로가 돼라

전 러시아 대통령, 보리스 옐친이 러시아 최고 의사에게 심혈관우회수술을 받기로 했다. 그러나 언론은 집도의사에 대해 한 가지 문제점을 지적했다. 그 집도의사는 러시아 최고이기 때문에 대단히 중요한 사람들만 시술하도록 러시아 최고의 병원에 격리되어 있었다. 즉 그는 수술 경험이 많지 않다는 것이다. 이에 비해 미국의 심장수술 1인자인 마이클 드배케이는 실력은 물론이고 수술 시도 횟수에 있어서도 러시아 최고 의사를 현저히 앞선다.

연구 결과에 의하면 수술 성공 가능성은 집도할 의사가 몇 번이나 같은 수술을 경험했느냐와 그 병원에서 그 수술이 몇 차례나 진행되었는가라고 한다. 이를 뒷받침하는 증거로 외과의사들의 수술 기법이 가장 발전할 때는 전쟁 중이라고 한다.

누가 명의인가? 어느 병원이 최고인가? 화려한 경력보다 수술이나 치료 경험이 명의와 최고 병원의 잣대라는 것이다. 똑똑하고 좋은 학력의 엘리트 의사보다 실전 경험이 많고 다양한 사례를 겪어본 의사들이 명의인 것이다.

그렇다고 생각 없이 같은 일을 반복한다면 10년이 지나고 20년이 지나도 프로가 될 수 없다. 주변을 살펴보라. 10년을 한 분야에 투자하고 20년을 한 직장에 근무했어도 여전히 아마추어인 사람들이 얼마나 많은가?

10년, 20년을 같은 일을 해도 프로가 되지 못한 이유는 생각 없이 반복하고, 할 수 없이 반복하기 때문이다. 10년, 20년을 생각하며 반복하고, 더 나아지길 기대하며 자꾸 새로운 시도를 해봐야 프로가 될 수 있다.

다시 말하면 단순한 반복이 아닌 훈련으로서의 반복이 필요한 것이다.

당신이 하는 일을 생각하며 반복하라. 하는 일을 훈련이라 생각하고 반복하라. 오늘은 어제보다 기량이 나아져야 한다는 생각으로 반복하라. 그러면 반드시 어제와 다른 결과가 나올 것이다. 프로는 그렇게 탄생한다.

배움의 여덟 가지 법칙

미국의 전설적인 대학 농구감독인 존 우든은 배움의 여덟 가지 법칙으로 설명, 시범, 모방, 반복, 반복, 반복, 반복, 또 반복을 제시했다. 이 배움의 8법칙은 어느 분야, 어떤 사람에게도 적용되는 성공의 법칙이다.

먼저 설명이 중요하다.

누구든 해야 될 일이나 상황에 대한 설명을 제대로 들어야 한다. 학생들도 설명을 잘 들어야 한다. 그리고 누구든 다른 사람에게 정보를 전달하고, 지식을 전달하고, 상황을 이해시킬 수 있도록 설명을 잘 해야 한다. 여기서 설명은 주로 이론적인 측면의 접근이다. 세일즈든, 관리든, 경영이든, 스포츠든 기본적인 이론은 반드시 필요하다.

시범도 중요하다.

해보는 것! 그것도 다른 사람 앞에서 공개적으로 해보는 것은 대단히 중요하다. 백 번 듣는 것보다 한 번 보는 것이 낫고, 백 번 보는 것보다 한번 해보는 것이 더 낫다. 해봐야 자신감이 생긴다.

시도하고 시범을 보여라. 다른 사람 앞에서 직접 시범을 보이기를 즐겨라.

시범을 보인다는 것은 공식적이든 비공식적이든 평가를 받는다는 의미다. 누구든 평가 받는 것을 좋아하지 않는다. 왜냐하면 평가 받기 위해선 더 많이 연습해야 하고, 결과에 책임을 져야 하기 때문이다. 그러나 평가는 받아야 한다. 성장하기 위해서는 반드시 필요하다. 제대로 하기 위해서는 반드시 필요하다.

학생들은 1년에 수차례씩 학교에서 평가 시험을 치른다. 시험 땐 보통 더 열심히 공부한다. 평가 결과는 스스로 책임져야 한다. 누구도 도와줄 수 없는 것이다. 그리고 제대로 평가 받기 위해 노력한 학생들은 성적이 더 좋다.

평가 없이 발전할 수 없다. 조직도 제대로 평가 받지 않는 조직은 앞으로 나아갈 수 없다. 정체된 조직의 특징은 평가 받기를 싫어하고 평가가 거의 없다는 것이다. 그런데 그들도 남을 평가하기는 좋아한다.

평가 받기를 즐겨라. 좋은 평가에서는 자신감을 배우고, 나쁜 평가에서는 책임감을 배워라. 평가 받기 위해서 직접 그리고 자주 모든 사람들 앞에서 시범을 보여야 한다.

모방은 창조의 원천이다.

모방 없는 창조는 없다. 사실 이 세상의 거의 모든 창조는 모방에서 비롯된 것이다. 모차르트 같은 대음악가도 평생 한 번도 독창적인 멜로디를 작곡한 적이 없다고 고백했다. 그는 전해 내려오는 멜로디들을 모방하여 다시 짜맞추었을 뿐이라고 말했다.

사람들은 세계 최고의 매출을 올리고 있는 월마트의 창업자 샘 월튼이 할인점을 창조했다고 한다. 그러나 그는 주위 상점들을 둘러보며 좋은 점을 모방하여 경쟁력을 늘려 나갔을 뿐이다. 나폴레옹은 '상상력이 세상을 지배한다' 고 했고, 빌 게이츠는 '우리 회사의 재산은 직원들의 상상력이 전부다' 라고 말했다. 즉 상상력도 모방에서부터 출발한 것이다.

당신이 일하는 분야에서 성공한 사람의 뛰어난 부분을 흉내내라. 다른 기업이나 다른 조직의 뛰어난 장점을 발견하여 당신 조직의 전략 수립에 적극 활용하라. 이것이 경영 혁신 방법으로 각광 받는 벤치마킹 전략이다.

반복은 설명과, 시범과, 모방을 원하는 목표로 연결시키는 통로다.

반복 없이는 훌륭한 설명도, 과감한 시범도, 전략적인 모방도 제대로 힘을 발휘하지 못한다. 반복 없는 설명, 시범, 모방은 일시적 이벤트일 뿐이다. 그것은 시간낭비고 힘의 분산이고, 가치 없는 겉치레에 불과하다.

그래서 그냥 반복이 아니다. 반복! 반복! 반복! 반복! 또 반복인 것이다. 명사수가 되려면 2만 번만 쏴 보라는 말이 있다.

사실 최고의 선수도 반복 훈련을 통해 만들어지며, 성적도 반복 학습의 결과가 아니겠는가! 반복은 최고의 학습법이다. 반복은 최고의 트레이닝이다. 결국 반복은 경영전략이면서 창조전략이고, 성장전략이면서 성공전략이다.

투자의 귀재로 불리는 워런 버핏은 "당신이 존경하는 사람의 존경스러운 부분을 흉내내라. 이것을 2~3년 지속하다 보면 당신 자신이 바로 존경할 만한 사람이 되어있는 것을 발견할 것이다" 라고 조언했다. 이것이 '큰바위얼굴론' 이다. 지금 당신의 큰바위얼굴을 찾아라. 그리고 그를 닮기 위해 흉내내고 반복하라.

훈련이 만든 기적

1999년 서울예술의전당 콘서트홀에서 세계 최고의 타악기 연주자 이블린 글레니가 첫 내한 연주회를 가졌다. 빼어난 미모의 소유자인 이블린 글레니는 맨발로 무대를 누비며 열정적이고 카리스마 넘치는 연주를 선보였다.

스코틀랜드 출신으로 런던 왕립음악원에서 피아노를 전공했던 그녀는 12세 때 열병으로 청력을 완전히 잃어버렸다. 그러나 음악을 포기할 수 없었던 그녀는 소리의 진동을 피부(촉각)로 받아들이는 훈련을 반복했다. 훈련에 훈련을 거듭한 결과, 그녀는 마침내 피아노 대신 타악기를 잡았다. 온몸으로 세상을 두드렸고, 마침내 기적처럼 음악이 열리면서 세상 또한 열렸다고 한다. 그녀의 인간 승리는 피나는 훈련의 결과였다.

인간에겐 촉각으로 소리를 감지할 수 있는 능력까지도 있었던 것이다. 그런데 대부분의 사람들은 이것을 계발하지도 않고, 있는지조차 모르고 인생을 허비한다. 그저 자신에게 없는 것을 한탄하며 좌절하고 포기해 버린다.

훈련은 모든 부문에서 필요하고 유효한 과정이다. 근육을 단련시키기 위해서는 근육의 섬유질이 끊어질 때까지 훈련해야 하고 그렇게 해서 끊어진 섬유질은 48시간 이내에 자연적으로 훨씬 더 강하게 복귀된다고 한다.

근육도 훈련에 의해 강해지듯 인생의 모든 부분은 훈련에 의해서 강해지고, 계발되고, 확장된다. 사랑도, 유머도, 기억력도, 상상력도 훈련에 의해 원하는 상태로 바꿀 수 있다는 것이 상식이다.

에리히 프롬의 『사랑의 기술』이란 책의 첫 페이지는 '사랑은 기술인가?' 라는 말로 시작한다. 프롬은 이 책에서 사랑은 단순한 감정이 아닌 기술이라고 주장한다. 그의 주장에 동조한다면 누구든 멋진 사랑을 위해서는 기술을 익혀야 할 것이다.

그렇다면 기술은 어떻게 익혀지는가? 기술 습득의 핵심은 훈련이다. 이는 사랑도 훈련이 필요하다는 것을 의미한다. 당신은 사랑하는 사람과 오래 지속적으로 변치 않고 행복하게 살기 위해 얼마나 훈련하는가?

훈련 없이는 사랑도 없다. 훈련 없이 행복도 없다.

프로는 훈련이 만든 결과다

인간의 모습은 훈련에 의해 만들어진다. 금세기 최고의 골퍼 중 한 사람인 닉 팔도는 1971년 14세에 골프에 입문해서 매일 2천 개씩 공 치는 훈련을 했다고 한다. 보통 마라토너가 대회에 나가려면 최소한 매주 330km씩 12주간을 달려 몸을 만든다고 한다. 1992년 올림픽 마라톤 금메달리스트 황영조는 고등학교 때부터 연중 절반 이상을 매일 40~50Km씩 달리는 훈련을 거듭한 결과 마라톤 영웅이 되었다. 미국 프로농구의 영웅 마이클 조던은 역사상 가장 훈련을 많이 한 선수였다. 마이클 조던은 훈련 그 자체였다.

자신을 절제하는 것도 훈련에 의해 가능해진다. 톨스토이는 자유를 원한다면 욕망을 절제하는 훈련을 하라고 했다. 언젠가 마이클 조던은 골프 황제 타이거 으즈에게 이렇게 충고했다고 한다.

"사람들이 아무리 널 칭찬해도 넌 쉬지 말고 훈련을 해야 된다."

프로는 자유롭다. 고용불안으로부터, 경제적으로, 가정에서도 자유롭다. 결국 훈련은 인간을 구속하는 것이 아니라 자유를 얻게 해주는 도구인 셈이다. 훈련은 고통스러울 수 있으나 그 훈련으로부터 얻어지는 보상은 오래 지속되고 상상을 초월하는 것이 될 수도 있다.

훈련은 당신의 의무다. 그리고 누구든 할 수 있는 권리이기도 하다. 지금 편하자고 훈련하지 않으면 인생의 후반전에 언젠가는 반드시 고통을 겪으며 후회할 것이다.

만약 당신이 '프로'라면 충분히 훈련된 상태 또는 제대로 훈련된 사람임을 의미한다. 그리고 지금도 변함없이 훈련하고 있어 어디에서든지 원하는 것을 얻을 수 있는 가능성의 존재임을 의미한다.

만약 당신이 '아마추어'라면 아직 훈련이 덜 된 상태 또는 가끔 필요할 때만 훈련하는 불안정한 사람임을 의미한다.

당신은 충분히 훈련되었는가? 그리고 지금도 충분히 훈련하고 있는가?

정답은 첫 번째 사람으로 빨간색 모자를 쓰고 있다.

이유는 세 번째 사람이 보았을 때 앞의 두 사람이 모두 노란색 모자를 쓰고 있다면 자신이 빨간색이란 것을 알았을 것이다. 하지만 30분이 지나도록 말을 못했다는 것은 앞의 두 사람이 모두 빨간색 모자이거나 한 사람은 노란색 한 사람은 빨간색이었다는 얘기다.

두 번째 앉은 사람은 앞의 사람이 노란색이었다면 자신은 무조건 빨간색이라는 것을 알았을 텐데 앞의 사람이 빨간색이었기 때문에 자신의 모자가 노란색인지 빨간색인지 확신할 수 없었던 것이다.

따라서 첫 번째 사람은 곰곰이 생각해 보면 자신의 모자 색깔이 빨간색이란 결론을 내릴 수밖에 없다.

08

실행력
여덟 번째 영향력

실행력을 높여주는 16가지 방법은 무엇인가?

1. 계획을 시각화한다.

2. 실행하는 것에 기쁨과 만족을 느낀다.

3. 꿈을 가지고, 그것을 위해 매진 한다.

4. 지나친 합리성이나 완벽을 의식하지 않는다.

5. 마이너스를 플러스로 바꾸는 전진적인 자세를 가진다.

6. 요구 수준을 조절한다.

7. 일을 취사선택한다.

8. 시간을 절약한다.

9. 고비를 넘긴다.

10. 스스로 기회를 만든다.

11. 자신의 리듬을 유지한다.

12. 항상 밝은 표정으로 행동한다.

13. 중요한 일일수록 능력 있는 사람에게 맡긴다.

15. 자기 가능성을 확인한다.

16. 과거의 굴욕과 곤란을 승화한다.

아는 것보다 행동하는 것이 중요하다

일본 게이단렌(經團聯)의 오쿠다 히로시 전 회장은 '무엇을 어떻게 하느냐는 이미 서점에 가면 다 나와 있다. 문제는 하느냐, 하지 않느냐에 달려 있을 뿐이다' 라고 말했다. 미국 32대 대통령 프랭클린 루즈벨트도 '행동하기를 두려워하는 것보다 더 큰 불구는 없다' 라고 말했다.

지금 세상은 생각하는 사람들로 가득하다. 역사상 현대인들의 머릿속은 최고의 지식들로 가득 차 있다. 어디를 가도 무엇에 대해서든지 아는 사람들이 득실거린다. 배운 사람들이 배우지 못한 사람들보다 훨씬 많아서 배운 사람들의 희소가치도 점점 사라져 가고 있다. 그런데 많은 사람들이 더 배우고 더 알게 되었는데도 더 많은 것을 얻지 못하고 있다. 무엇 때문일까? 그것은 행동 부족 때문이다. 행동은 모든 것을 만들어 내는 씨앗이다. 성공도, 행복도, 실패도, 불행도 모두 행동의 결과다.

아는 것을 행동으로 옮기지 않으면 아무것도 얻을 수 없다. 설령 적게 알더라도 우선 행동으로 옮기는 사람이 기회를 잡을 수 있다. 유명한 강연가이자 저술가인 지그 지글러는 '동기는 당신이 첫발을 내디딘 후에 다가온다' 라고 말했다.

당신에게 딱 맞는 절호의 기회가 찾아올 때까지 기다리지 말라. 일단 행동하라.

기회는 가만히 있는 사람에게 저절로 찾아오지 않는다. 시도하고 행동하는 사람 주변에서 머뭇거리다가 그들에게 잡히는 것이 기회다. 기회가 당신 주위로 몰려들게 하려면 무엇이든 행동해야 한다. 그러니 이제 생각에만 머물지 말고 당장 행동을 하라.

준비 ⇒ 발사 ⇒ 조준!

세계적 경영컨설턴트인 톰 피터스는 '준비 ⇒ 조준 ⇒ 발사'에서 '준비 ⇒ 발사 ⇒ 조준'으로 바꿔야 한다고 주장한다. 준비한 다음 곧바로 발사하라. 조준하고 있는 사이 생각이 바뀌거나 다른 사람에게 선수를 빼앗길 수 있다. 성공자들은 골몰하기보다 행동하는 경향이 있다고 한다. 그들은 곧바로 발사해서 설령 실수를 하더라도 포기하지 않고 다시 하는 사람들이다.

당신은 지금 준비가 덜 되었다고 미루고 있는 일들은 없는가? 아니면 늘 조준만 하고 있다가 번번이 후회하지는 않는가? 준비가 조금 부족해도 괜찮다. 조준만 하고 있지 말고 발사해야 한다.

조준이 필요없다는 의미가 아니다. 세상에는 조준만 하다가 발사하지 못하고 기회마저 잃어버리는 경우가 너무 많기 때문이다. 기회를 잃어버린 다음에 항상 후회한다. '그때 했어야 했는데……' '그랬어야 했는데……'라면서.

영국의 문호, 버나드 쇼의 묘비에 새겨진 이 문구를 다시 한 번 되새겨 보자. '우물쭈물하다 이렇게 될 줄 알았다.' 혹시 당신도 지금 우물쭈물하고 있지 않은가? 뻔히 알면서도 그냥 이 자리가 편하고 익숙해서 조준만 하고 있지는 않은가?

세상에는 편하고 익숙한 곳에서 공상만 하고, 평가만 하고, 불평만 하고, 막연한 기대만 하고 있는 사람이 너무 많다. 그들은 생각만 하면서 시간을 보낸다. 그래서 발전하는 것도, 달라지는 것도 없다.

생각은 충분하다. 목표를 정했다면 더 늦기 전에 발사해야 한다. 자기 인생에서는 자신이 선수다. 절대로 구경꾼이 될 수 없다. 어서 빨리 관객의 자리에서 박차고 나와 직접 뛰어야 한다. 운동장으로 시장으로, 현장으로 뛰어나와 직접 게임에 참여해야 한다.

첫발을 내딛어라

요즘은 대공황 이후로 최악이라고 할 정도로 경제가 어렵다. 우리나라뿐만 아니라 세계 경제도 어렵고 정부도, 기업도, 개인도 모두 힘들고 미래가 불확실하다. 특히 실업이 가장 큰 문제로 떠오르고 있다. 일할 곳이 없다고들 한다. 그런데 한 편에서는 일할 사람이 없어서 힘들다고 한다. 중소기업이나 세일즈업 같은 곳에서는 지금도 일할 사람을 찾고 있다. 대체 왜 이런 불균형이 일어났을까? 그것은 여전히 과거의 습성, 20세기의 관습과 관행에서 벗어나지 못했기 때문이다.

과거를 무시하라. 관행을 무시하라. 고정관념을 파괴하라. 그러면 일할 곳이 넘쳐날 것이다. 한 가지 일을 평생 하는 시대는 지났다. 21세기는 한 사람이 평생 10가지 이상의 일을 하게 되고, 수많은 직장과 일터를 경험해야 하는 시대다.

이유는 크게 두 가지다. 첫째는 평균 수명이 늘어나면서 인생이 너무 길어져 버렸다. 따라서 일해야 할 시간도 길어져 버렸다. 둘째는 변화의 속도가 너무 빠르다. 그래서 산업과 기업의 사이클이 짧아지고 상품과 서비스의 수명도 짧아져 버렸다. 따라서 지금 좋은 직장이나 비즈니스가 10년 후에도 계속 좋을 것이라고 확신할 수 없다.

이런 시대에 최고의 전략은 일단 뛰어드는 것이다. 우선 첫발을 내딛어야 한다. 격을 따지지 말아야 한다. 21세기에는 격이 파괴되었고, 또 파괴되어야 한다. 자기 자신에게 맞는 격을 찾아 헤매다가 시간을 낭비하고 기회를 잃어버린 사람들이 과거에도 있었다. 하지만 앞으로는 훨씬 더 많아질 것이다.

대학 졸업자에게 맞는 격, 자격증에 맞는 격, 나이에 맞는 격 등 '격 찾기' 에서 벗어나야 한다. 그리고 일단 뛰어들어라. 뛰어든 다음에 그곳에서 최선을 다하면서 자기계발에 열중해야 한다. 그러면 반드시 다음 단계의 기회가 찾아올 것이다. 앞으로의 세상에서는 격이 고정되어 있는 것이 아니라 스스로가 만들어 나가는 창조의 대상이다. 어디에서 시작을 하든, 무슨 일을 시작하든 첫발을 내딛는 것이 중요하다.

첫발은 마중물이다. 마중물이 있어야 원하는 것을 얻을 수 있다. 첫발을 내딛으면 뒤로 물러서기보다 앞으로 나아가기가 훨씬 쉽다. 그래서 시작이 반이라고 하는 것이다.

당신이 시작한 그곳이 바로 새로운 학습의 장이다. 그리고 훈련센터가 된다. 일하면서 배워야 한다. 행동하면서 배워야 한다. 그것이 살아 있는 지식이 된다. 정보와 지식이 넘쳐나고 그 수명이 짧아지고 있는 상황에서는 현장에서의 정보와 지식이 가장 중요한 힘의 원천이 된다.

세계적인 미래학자인 앨빈 토플러는 젊은 날에 현장과 현실을 경험하기 위해 공장의 조립라인에서 작업했고, 주물공장의 수송관을 기어다니며 바위에 구멍을 뚫는 착암기를 다루는 고된 육체노동을 일부러 5년이나 했다. 그때의 현장 체험이 그에게 가장 중요했다는 것은 자타가 인정하는 것이다.

첫발은 행동의 시작이고, 행동은 성과의 씨앗이다. 바라는 것이 있다면 반드시 행동해야 한다. 행동하는 거지 없고 행동하는 실업자 없다는 것은 진실이다. 행동하는 실패자도 없다. 행동하는 실패자는 성공한 사람의 과거 이름일 뿐이다. 따라서 성공을 바라거나 성과를 얻기 위해선 우선 행동해야 하고, 행동의 추진 에너지는 첫발이라는 단순한 원리를 알아야 한다.

오늘을 경영하라

Today is a gift !

Yesterday is History Tomorrow is a Mystery

Today is a Gift

That' s Why we call it-the present.

2000년 코카콜라 신년사의 마지막 문장은 미국 전역에 잔잔한 화제를 일으켰다. 세기가 바뀌면서 미래에 대한 걱정과 희망이 교차하고 있을 때, 아무리 세상이 변해도 어떠한 새로운 미래가 다가와도 오늘이 가장 중요하다는 것을 천명한 명문장이다.

어제는 지나간 역사다. 어제는 이미 결제된 수표이거나 부도난 수표다. 역사를 통해 배우는 것은 오늘을 사는 방법이다. 오늘을 어떻게 사는 것이 좋은지, 왜 오늘이 중요한지를 역사에서 배울 수 있기 때문이다.

역사를 무시하면 또 다시 큰 재앙을 당하거나 어려움을 겪을 수 있다. 그래서 역사는 소중한 것이다. 그러나 역사에만 매달리면 앞으로 나아갈 수 없다. 역사는 해결해야 될 대상이 아니라 배워야 할 학습의 대상이다. 역사를 통해 오늘 취해야 할 것들과 버려야 할 것들을 배울 수 있다. 따라서 역사는 구분해서 배워야 한다.

내일은 미스터리다. 삼성의 이건희 회장은 '10년 앞이 캄캄하다'고 말했고 나중엔 '5년 앞이 캄캄하다' 라고 말했다. 세계적인 기업의 경영자도 5년 앞의 미래를 선뜻 예측하지 못한다. 그만큼 미래는 불확실한 것이다.

불확실한 미래는 약속어음이요, 백지어음이다. 약속어음이 부도나지 않도록 하는 것은 오늘이란 담보가치를 높이는 것이다.

지금 당장 쓰지 않으면 다시는 쓸 수 없는 오늘이야말로 당신이 손에 쥐고 있는 현찰이다.

당신의 미래는 오늘에 달려 있다

우리나라에는 점이나 사주 같은 업종에 종사하는 사람이 무려 60만 명이나 된다고 한다. 식당 숫자보다 많다. 그만큼 많은 사람들이 자신들의 미래를 알고 싶어 한다는 뜻이다.

당신도 미래가 궁금한가? 당신의 미래를 가장 확실하게 알 수 있는 방법이 있다. 그것은 '오늘의 당신'을 보는 것이다. 오늘 당신이 무엇을 어떻게 하고 있는지를 지켜보면 누구든 자신의 미래를 점칠 수 있다.

오늘이 없는 내일은 없다. 누가 보든 보지 않든, 오늘 당신의 생각과 행동은 미래 언젠가 반드시 거울처럼 반영되어 나타날 것이다. 미래의 모습은 오늘부터 만들어 나가는 것이다.

바람직한 미래의 모습은 바람직한 오늘에 달려있다. 더 나은 미래를 원한다면 오늘을 개선하고 바꿔야 한다. 그것 외에 다른 방법이나 비결 따위는 없다.

당신의 인생에서 가장 좋은 시간은?

어제는 회상의 시간이다. 내일은 계획의 시간이다. 그리고 오늘은 행동의 시간이다. 회상도 필요하고 계획도 중요하다. 그러나 행동 없는 회상은 시간낭비요, 행동 없는 계획은 공상일 뿐이다.

성공한 사람들은 과거에 집착하거나 허황된 미래에 의존하지 않는다. 그들은 과거에서는 배울 뿐이고, 미래에 대해서는 꿈꿀 뿐이다. 그들이 가장 관심을 갖는 것은 '오늘'이다. 그들은 오늘의 가치를 안다.

조창인의 장편소설 『가시고기』에 '그대가 헛되이 보낸 오늘은 어제 죽어간 이들이 그토록 살고 싶어 하던 내일'이라는 말이 나온다. 오늘은 그토록 중요한 시간이다. 그래서 헛되이 보내서는 안 된다.

세상에서 가장 귀한 것을 당신은 그냥 써버리고 싶은가? 그렇지 않다면 오늘은 행동해야 한다.

오늘은 딱 좋은 시간이다. 일하기 딱 좋은 시간이고, 공부하기 딱 좋은 시간이다. 사랑의 말도, 감사의 말도, 기도도, 명상도 오늘이 딱 좋은 시간이다. 성경에도 '오늘 포도원에서 일하라'고 했다. 오늘은 당신의 미래를 위해 행동해야 하는 바로 그날이다.

오늘 하루를 경영하라

신라 화랑의 우두머리를 풍월주라고 했다. 제1대 풍월주인 위화는 숨을 거두기 하루 전날 아들 이화를 불러서 이렇게 말했다.

"세상사는 전부 하루에 일어난다. 삶을 얻는 것도 하루요, 잃는 것도 하루다. 아무리 괴로운 일도 하루만 참으면 어제 일이 되고, 아무리 좋은 일도 하루를 넘길 수 없는 법이다. 그러니 좋은 일이든 나쁜 일이든 어제 일은 말끔히 잊어라. 그래야 아침마다 참된 새

날을 맞이할 수 있다. 생로병사와 오욕칠정이 모두 다 하루 속에 있다.”

세상사 모두가 하루에 일어난다면 하루를 잘사는 것은 인생 전부를 잘 사는 것이 된다. 하루를 헛되이 버리면 인생 전부를 버리는 것과 같다는 의미일 것이다. 오늘 하루를 잘 사는 것은 당신 인생을 잘 경영하고 있는 것이다. 하루 경영이 인생 경영이다. 오늘 경영이 시간 경영이다.

괴테는 ‘오늘 하루에 충실하라. 그래야 인생 전체가 충실해진다’고 조언했다. JS 밀은 ‘사람은 언제 죽을지 모른다. 오늘이라는 시간 안에 일하지 않으면 안 된다’고 말했다. 그래서 오늘 이 순간은 10년 후에 당신이 좋았던 시절이라고 생각하게 될 바로 그 시간이 될 것이다.

누군가 이렇게 말했다. 악마의 달력은 모두 내일로 표시되어 있고, 인간의 달력은 숫자로 표시되어 있으며, 하느님의 달력은 모두 ‘오늘’로 표시되어 있다고.

당신의 달력을 모두 오늘로 바꿀 용의는 없는가?

변화를 위해 행동해야 한다

세계적인 경영학자 톰 피터스는 1982년 『초우량기업의 조건』이란 책에서 초우량기업으로 선정된 43개 기업들이 잘 나가는 8가지 이유를 설명했다. 그런데 5년 후 1987년에 그는 『경영혁명』이란 책에서 "초우량기업은 존재하지 않는다"라며 과거 자신의 주장을 바꿨다. 그 이유는 1982년에 선정한 초우량기업 43개 중 무려 3분의 2가 5년 후 파산해서 사라져 버렸거나 별 볼일 없는 기업으로 전락해 버렸기 때문이다.

1983년 일본 닛케이비즈니스는 '기업은 영원한가?' 라는 특집에서 '회사의 수명은 30년' 이란 키워드로 큰 반향을 일으켰다. 그리고 20년 후인 2003년에는 사원의 평균 수명은 15년이라는 새로운 화두를 끄집어냈다.

위의 사례에서 읽을 수 있는 핵심 키워드는 무엇인가? 바로 변화다. 그리고 변화의 속도다.

앨빈 토플러는 『부의 미래』에서 미국의 경우를 예로 들어 변화의 속도를 고속도로에 비유했다. 시속 100마일로 질주하는 자동차는 미국에서 가장 빠르게 변화하는 기업이나 사업체 등을 의미한다. 이들은 스스로 빠르게 움직이며, 사회의 다른 부문의 변혁을 주도한다고 한다.

시민단체들이 시속 90마일로 달리고, 가족은 시속 60마일, 노동조합은 시속 30마일로 그리고 소리만 요란한 정부 관료조직과 규제기관들은 시속 25마일로 코끼리처럼 천천히 변화하고 있다고 꼬집었다.

그런데 관료조직보다 느린 속도로, 고물 자동차처럼 시속 10마일로 달리고 있는 곳이 있는데 이 곳은 미국의 학교라고 말했다. 또한 UN 같은 국제기구는 시속 5마일, 정치조직은 3마일, 법과 관련된 기관들은 시속 1마일로 시대의 흐름을 방해하고 있다고 설명했다.

앨빈 토플러와 하이디 토플러는 미국을 예로 들었지만, 과연 우리 나라나 그밖의 다른 나라들은 이런 예에서 자유로울 수 있을까?

물론 조직이나 사람들의 특성에 따라 변화의 속도는 다를 수밖에 없다. 또 어떤 의미에선 달라야 한다. 그러나 변화의 속도가 빨라지고 있다. 이 와중에서 속도의 충돌이 발생하고, 속도에 뒤처지면 새로운 물결에서 밀려날 수밖에 없다. 이것은 누구나 인정할 수밖에 없을 것이다. 당신은, 그리고 당신이 속한 조직과 당신의 가정은 시속 몇 마일로 변화의 속도를 내고 있는가?

변화 속에 기회가 있다

지금은 변화의 시대다. 변화의 트랜드를 잘 읽어 내고 변화에 잘 적응하는 사람이나 기업, 나아가 변화를 선도해 나가는 사람이나 기업만이 성공할 수 있는 시대다. 기업이 변화하고 기업 환경이 변한다면 그 속에서 살아가고 있는 개인도 당연히 변해야 한다. 그것이 당신이 변화를 시도해야 할 이유다.

변화를 이해한다면 당신은 변화를 받아들일 준비를 해야 한다. 프랑스 속담에 '변화는 안에서만 열 수 있는 문' 이란 말이 있다. 당신 스스로 준비하고 문을 열어야 변화의 파도를 탈 수 있다. 혹시 아직도 변화를 망설인다면 당신에게 가장 필요한 것은 자극이다. 동물 중에서 유일하게 인간만이 자극 없이는 행동을 바꾸지 않는다.

인간은 자극 받아야 변화한다. 따라서 스스로 자극을 만들어야 한다. 적극적으로 자극을 찾아나서야 한다. 자극 없이 변화 없고, 자극 없이 행동 없다. 역사는 '강자생존' 이 아닌 '적자생존' 이라는 것을 증명해 주고 있다. 사실 변화는 우리의 안정을 위협하는 무기만은 아니다. 어떤 측면에서는 우리에게 기회를 주는 도구이기도 하다.

성공비결이 무엇이냐는 질문에 빌 게이츠는 '변화' 라고 대답했다.

"나는 힘센 강자도 아니고, 두뇌가 뛰어난 천재도 아니다. 날마다 새롭게 변했을 뿐이다. 'Change' 의 'g' 를 'c' 로 바꾸면 'Chance' 가 되지 않는가? 변화 속엔 반드시 기회가 숨어 있다."

당신은 아무런 변화가 없는 이대로의 상태를 원하는가? 하지만 변화가 없으면 기회도 없다. 물론 당신이 변화를 원하지 않아도 변화는 피할 수 없다. 어차피 피할 수 없다면 변화를 두려워하기보다는 그 속에서 기회를 얻기 위해 적극적으로 행동해야 한다. 그래야만이 변화 속에서 기회라는 선물을 얻을 수 있다.

생각과 행동이 유연한 변화친화형 인간

워런 베니스는 앞으로 기업의 형태는 거대한 기둥이 아니라 상황 변화에 따라 쉽게 변화할 수 있는 레고처럼 되어야 한다고 말했다. 우리 개인도 변화하는 환경에 따라 생각과 행동을 유연하게 맞출 수 있는 레고형 인간이 되어야 한다.

그러기 위해서는 유연성이 필요하다. 유연한 사고를 할 줄 아는 사람은 변화에 맞서기보다 받아들이고 활용할 수 있는 자세를 갖춘 변화친화형 인간이다.

변화가 너무 느려서 수세대가 지나도 같은 사고, 같은 행동을 해야 했던 농업 시대에는 변화를 두려워했다. 그래서 심지어 '변하면 죽는다'고까지 말했다. 물론 그때에도 변화는 진행되고 있었다. 단지 감지하기 어려울 정도로 속도가 느렸을 뿐이다. '변하면 죽는다'고 불변을 강조했던 그 시대에서도 '부자 3대 못 간다'는 말로 변화의 존재와 필요성을 강변했다.

세상엔 변화를 선도하고 적응하는 사람이나 조직도 있지만 마지못해 변화하거나, 완강하게 거부하는 사람이나 조직도 있다. 변화를 받아들이는 능력이 변화적응력이다. 일반적으로 나이든 사람과 젊은 사람, 남성과 여성 중, 어느 쪽이 변화에 적응력이 좋은 편인가? '오래되면 변하기 어렵다'는 뜻의 '구즉난변(久則難變)'이란 말이 있다. 이런 의미에서 보자면 나이든 사람이 젊은 사람보다 변화에 적응하기 힘들다.

또한 내일은 오늘보다 더 변화하기 힘들다. 그리고 오랜 세월 유지되어 온 기득권과 과거의 시스템에 익숙한 남성들이 여성들보다 변화에 더딘 편이다. 그렇다면 나이가 많은 남성들의 변화적응력이 낮은 편이라고 볼 수 있다. 따라서 변화에 적응하고 변화하기 위한 노력이 더 많이 필요하다.

변화의 속도가 빨라진 산업 시대에 들어와서 사람들은 몸으로 변화를 느끼기 시작했다. 그리고 지금, 정보지식 시대를 살고 있는 우리들은 변화의 속도에 혼란스러워하고 있다. 이 혼란의 상태에서 벗어나는 길은 변화를 일상적인 것으로 받아들이는 것밖에 없다. 끄덕끄덕 받아들이자. 받아들이다 보면 변화 속에 길이 있고, 그 속에서 의외의 보물을 캘 수 있다. 그런 보물을 발견한다면 곧 변화를 즐기게 될 것이다.

09

친화력
아홉 번째 영향력

아래 항목을 읽고 자신에게 해당되는 점수를 모두 합산한다.

전혀 그렇지 않다-1 / 그렇지 않다-2 / 보통이다-3 / 그렇다-4 /

매우 그렇다-5

01 신념

1) 혼자 지내는 것보다 다른 사람과 어울리는 것을 좋아한다.

2) 인간관계가 재능이나 실력보다 중요하다고 생각한다.

3) 좋은 인맥을 만들기 위해 열심히 찾아다녀야 한다고 생각한다.

4) 내 휴대폰에는 다른 사람의 전화번호가 50개 이상 등록돼 있다.

5) 하루에 3명 이상 보내 온 문자 메시지를 받는다.

02 능동성

6) 모임이나 행사에 자주 참석한다.

7) 새로 알게 된 사람들에게 메일이나 문자메시지를 먼저 보낸다.

8) 다른 사람에게 먼저 연락하여 약속을 정한다.

9) 모임이나 행사, 약속이 한 달에 평균 3회 이상 있다.

10) 한 달에 평균 3회 이상 애경사에 초대를 받는다.

03 친화력

11) 엘리베이터에서 낯선 사람을 만나면 먼저 인사를 건넨다.

12) 처음 만난 사람에게서 '호감이 간다' 는 말을 자주 듣는 편이다.

13) 처음 만난 사람이 나중에 연락을 해오는 편이다.

14) 다른 사람에게서 차나 식사, 술 등을 함께하자는 제안을 자주

받는 편이다.

15) 재미있는 유머나 최신가요 몇 개쯤은 외우고 다닌다.

04   배려

16) 다른 사람들의 생일이나 경조사를 잘 챙겨 준다.

17) 주변 사람들의 일이나 업무를 자주 도와준다.

18) 다른 사람들의 고민을 상담해 주는 경우가 많다.

19) 퇴근 무렵 술 생각이 나서 전화를 하면 만나 줄 사람이 많다.

20) 나에게 경조사가 생기면 함께해 줄 사람의 수가 300명 이상이다.

[채점 결과 보기]

30점 이하 : 고슴도치형

고슴도치는 고립적이며 숨는 걸 좋아한다. 다른 사람과 대인관계를 맺는 것보다 자신만의 세계에서 머무는 것을 좋아한다는 의미다. 따라서 고슴도치형은 인간관계의 중요성을 먼저 깨닫는 것이 중요하다. 인생에서 성공과 행복을 좌우하는 것이 인간관계에 달려 있다는 사실을 명심해야 한다.

31~60점 이하 : 거미형

거미형은 가족 및 주변 사람들과의 친밀한 관계를 중요하게 생각

하며 끈끈한 네트워크를 구축하고 있다. 반면에 자신이 생각하기에 필요 이상으로 폭넓은 대인관계를 형성하는 것에 대해서는 소극적인 편이다. 거미형은 보다 적극적이고 능동적으로 대인관계를 만들기 위해 노력할 필요가 있다. 일부의 사람과만 관계를 맺거나 상대방으로부터 연락만 기다리지 말고 내가 먼저 다양한 사람들에게 연락을 취하고 다가서려는 노력이 중요하다. 그리고 대인관계에는 적절한 쇼맨십도 필요하다는 걸 명심해야 한다.

61~80점 이하 : 꿀벌형

꿀벌은 공동체 생활을 하는 곤충이다. 따라서 꿀벌형은 많은 사람들과 폭넓은 인간관계를 형성하며 강한 친화력을 가지고 다른 사람들과 쉽게 친해질 수 있는 사람이다. 그런데 꿀벌은 이웃벌집을 습격하여 꿀을 약탈하는 습성도 가지고 있다. 따라서 꿀벌형은 다른 사람을 대할 때 계산적이고 실리적인 대인관계만 하지 않도록 조심해야 한다.

81~100점 : 사슴형

사슴은 집단을 이루며 단체생활을 하는 동물이다. 사슴은 먹이를 발견하면 울음소리를 내어 무리를 불러 모아 함께 먹는다. 사슴의 우두머리는 권력을 독점하지 않고 먹이를 분배한다. 이런 사슴의 특성으로 보아 사슴형은 대인관계에서 다른 사람을 먼저 배려하며 호의와 후원을 베푸는 사람이다.

집 나간 리더십을 찾습니다!

리더십의 인상착의

1) 입은 작고 귀가 크다.

2) 말보다 행동이 빠르다.

3) 머릿속은 미래의 비전으로 가득 차 있다.

4) 약속을 잘 지킨다.

5) 감정을 잘 컨트롤한다.

6) 부하직원의 팀워크를 최대한으로 키운다.

—2002년 3월 29일자 〈동아일보〉 기사 중

성공과 행복의 근원은 어디에서 오는 것일까? 아마 여러 가지가 있을 것이다. 그러나 가장 핵심적인 근원은 '모든 것은 사람으로부터 온다'는 것이다. 사람으로부터 정보를 얻고, 다른 사람의 도움을 얻고, 다른 사람이 내 물건과 아이디어를 소비해 주어야만 우리는 무엇이든 가질 수 있다. 사회적 동물인 인간은 다른 사람과의 소통과 연대 없이는 아무것도 이룰 수 없다. 그렇다면 다른 사람과의 소통을 이루기 위해 우리는 어떤 능력을 가져야 할까. 이것이 바로 친화력이다.

친화력은 사람과의 관계에서만 작용하는 것이 아니다. 어떤 상황이나 문제, 조직 등을 파악하고 해결하는 모든 과정에서 친화력은 중요한 열쇠로 작용한다. 그래서 우리는 친화력이란 중요한 능력을 개발해야 한다. 이 능력을 개발하기 위한 최선의 방법은 바로 리더십을 기르는 것이다. 사람을 이끌고 상황을 리드해 가는 리더십이 있어야만 모든 문제를 친화적으로 이끌 수 있다.

그러나 많은 사람들이 현대를 리더십 부재의 시대라고 한탄한다. 누구든지 가지고 있다고 생각하지만 사실은 부족하고, 세미나와 책 등에서 가장 많이 다뤄지고 있지만 항상 부족한 능력으로 평가 받는 것이 바로 리더십이다.

리더십 부재와 리더십 부족은 조직의 발전을 저해한다. 그 조직이 기업이든, 국가든, 가정이든, 앞으로 나아가는 데 걸림돌이 된다. 때론 폐망의 원인이 되기도 한다. 따라서 리더십은 개인에게나 조직에게나 하루 빨리 복원되어야 할 중요한 자질이다.

문제는 자신의 리더십이 집을 나간 사실조차 모른다는 것이다. 자신의 리더십에는 아무 문제가 없고 조직이나 다른 사람들한테 문제가 있다고 생각하는 사람들이 얼마나 많은가?

리더십을 키우는 비결

집 나간 리더십의 인상착의를 잘 살펴보고 당신의 리더십 상황을 점검해 보자.

1) 입은 작고 귀가 크다.

우선 리더는 자신이 말하는 것보다 다른 사람이 하는 말을 잘 들을 줄 알아야 한다. 당신은 주로 말을 하는 사람인가, 말을 듣는 사람인가? 상대의 말을 들어야 그의 마음을 알 수 있다. 귀를 열어 놔야 정보가 들어온다. 정보가 있고 상대의 마음을 알 수 있다면 당신이 원하는 방향으로 상대를 움직일 수 있다.

당신은 고객의 말에 귀 기울이고 있는가? 상사의 말을 잘 새겨듣고 있는가? 동료와 부하직원의 애기를 경청하는가? 고객의 소리를 빠짐없이 듣고 있는가? 무엇보다 남편이나, 아내, 자녀들의 말에 귀 기울이고 있는지 생각해 보자. 그렇지 않다면 당신의 리더십은 집 나간 상태일 수 있다.

2) 말보다 행동이 빠르다.

당신은 부하직원이나 자녀들이 당신 말대로 하기를 바라는가? 아니면 당신처럼 하기를 바라는가?

'나처럼 해봐라! 이렇게…' 이것이 리더십이다. 반대로 '내 말대로 해' 는 관리자의 행동이다.

세상에 내 말대로 하라는 사람은 넘친다. 그러나 나처럼 하라는 사람은 드물다. 알버트 슈바이처는 '모범을 보이는 것은 다른 사람에게 영향을 미치는 최고의 방법이 아니라 유일한 방법' 이라고 했다.

당신은 말하는 리더인가? 행동하는 리더인가?

3) 머릿속은 미래의 비전으로 가득 차 있다.

미래의 비전은 가상의 세계이다. 그런데 이것을 볼 줄 아는 사람이 드물다. 미래의 비전을 가지고 사람들이 그 비전을 알아볼 수 있게 하는 것이 바로 리더십이다. 가슴 떨리는 미래의 비전은 사람들을 행동하게 만든다. 어려워도 분발하게 한다. 당신의 머릿속은 무엇으로 가득 차 있는가? 걱정인가? 비전인가?

4) 약속을 잘 지킨다.

리더십은 신뢰를 먹고 자란다. 신뢰가 깨지면 관계가 깨지고, 관계가 깨지면 사람과 사람 사이의 통로가 막힌다. 막힌 통로로 어떻게 사람을 움직이겠는가? 막힌 통로를 뚫는 것이 신뢰 회복이다. 신뢰 회복을 위해 유일한 것은 먼저 약속을 지키는 것이다.

5) 감정을 잘 컨트롤한다.

감정을 잘 조절하고 타인의 감정을 읽을 줄 알아야 한다. EQ(감정지수)의 창시자 다니엘 골먼은 '선도형, 지시형보다 감성형 리더십이 중요하다. 자신이 직접 나서거나 일일이 지시하는 리더십으로는 거미줄처럼 얽힌 정보사회의 조직을 통솔하기 어렵다. 상대의 감정을 갈파해서 설득하고 동기부여를 할 줄 아는 공감의 리더십이 필요하다' 라고 말했다.

감동을 줄 수 있는 감성리더십을 키우기 위해서는 감성 능력을 개발해야 한다. 그렇다면 감성 능력이란 무엇인가?

다니엘 골먼 등이 쓴 『감성리더십』에 의하면, 감성능력에는 자기인식, 자기를 관리하는 개인적인 능력과 사회를 인식하고 관계를 관리하는 사회적인 능력 등 4가지 차원의 능력이 있다고 한다. 개인

적인 감성 능력은 곧 자신을 다스리는 능력이요, 사회적 감성 능력
은 관계를 다스리는 능력이다. 자기를 스스로 잘 관리하고 다른 사
람과의 관계를 잘 만들고 유지하는 감성 능력이 새로운 시대에 요
구되는 리더상인 것이다.

6) 부하직원의 팀워크를 최대한으로 키운다.

리더십 전문가인 워런 베니스는 "위대한 그룹을 만들기 위해 리
더가 할 수 있는 최선의 일은 각각의 구성원들이 스스로의 위대함
에 눈뜨게 하는 것이다"라고 말했다.

리더나 스타 한 사람을 위해 모두가 수동적으로 지원하는 그룹은
발전을 기대할 수 없다. 모두가 자신이 가능성의 존재임을 자각하
고 각자가 주인공이 되어 자발적으로 협력할 때 조직의 힘이 발휘
된다.

마지막으로 집 나간 리더십을 찾아 키우기 위해서는 매우 중요한
한 가지가 더 있다. 그것은 팔로우십이다. 다른 사람을, 조직을 열
성적으로 진심으로 따를 줄 아는 사람이 아쉬운 세상이다. 훌륭한
리더는 반드시 훌륭한 팔로우어였다는 사실을 알아야 한다. 당신의
리더십 수준을 알고 싶다면 지금 당신의 팔로우십 수준을 보면 된
다. 누군가를 진심으로 따라 보지 못한 사람은 어느 누구도 리드할
수 없다.

웃음은 친화력을 높이는 최선의 방법이다

인도의 내과의사 마단 카타리아는 인류의 건강과 세계 평화를 위해 '웃음클럽'을 만들었다. 이 '웃음클럽'은 이른 아침에 사람들이 공원이나 마을 복지 시설, 쇼핑센터 등에 모여 30분 동안 웃는 작은 모임으로 시작되었다. 이 '웃음클럽'이 오늘날 전 세계에 수천 곳이나 생겨났다고 한다. 사람들이 웃음의 효과를 체험했기 때문이다.

우리 속담에도 '웃는 얼굴에 침 못 뱉는다'는 말이 있다. 그만큼 웃음은 어려운 상황을 돌파할 수 있는 막강한 힘이 될 수 있다는 뜻이다. 이렇게 강력한 웃음은 다른 사람과 관계를 맺을 때 최고의 접착제 역할을 해준다. 처음 보는 모르는 사람이 환한 웃음으로 당신에게 말을 걸어 온다면 어떤 기분이 들겠는가. 대부분 선입견이나 거부감 같은 감정들이 사라지고 마음의 무장을 해제하게 된다. 즉, 당신이 웃음으로 상대를 대하면 상대방 또한 그런 마음 상태가 된다는 뜻이다.

이것은 개인과의 관계에서만 나타나는 것이 아니다. 조직과 기업에서도 웃음의 위력은 막강한 힘을 발휘한다. 파비오 살라의 연구에 따르면, 가장 성과가 좋은 리더들은 중간 정도의 성과를 내는 리더들보다 평균 3배 정도 부하들을 더 자주 웃게 만든다고 한다.

감성지수(EQ) 열풍을 일으킨 다니엘 골먼은 최고의 감성경영자로 유명한 사우스웨스트 항공의 허브 캘러허 전 회장의 행동을 비디오로 관찰해 보았다. 그 결과 그는 사람들을 만날 때마다 끊임없이 웃었다고 한다.

웃으면서 만들어지는 좋은 분위기 속에서 사람들은 정보를 더 효과적으로 받아들이고, 더 빨리 더 창조적으로 반응했다. 웃음은 리더의 중요한 소통 기술이자 비즈니스 전략인 셈이다.

웃음은 성공전략이다

1994년 동계올림픽을 치르기 전에 노르웨이 정부는 '스마일후프' 라는 미소 훈련 도구를 국민들에게 보급했다. 스마일후프는 귀와 입에 걸어 억지로 웃게 만드는 도구다. 노르웨이 정부가 왜 이런 극단적인 일을 했을까. 노르웨이 정부는 자국을 방문하는 외국인들과 TV를 통해 올림픽경기를 시청하는 전 세계인들에게 무표정한 얼굴이 아닌 환하게 웃는 얼굴을 보여 주고 싶었던 것이다.

중요한 약속이나 초대를 받아 간다면 우리는 옷차림이나 화장에 신경을 쓸 수밖에 없다. 그것이 예의다. 이것을 잘 알고 있던 노르웨이 정부는 자신의 나라에서 벌이는 잔치를 보러오는 사람들에 대한 예의로서 제일 먼저 환한 웃음을 준비했던 것이다.

환하게 웃고 있는 수많은 사람들을 보면 어떤 기분이 들겠는가. 웃는 사람을 보고 있으면 자신도 모르게 미소를 짓게 된다. 마찬가지로 자신의 웃는 얼굴은 상대의 기분도 상승시켜 준다.

그래서 국가든, 기업이든, 가정이든, 어떤 조직이든 웃음이 있는 곳은 반드시성공한다. 그리고 조직원을 웃게 만드는 리더는 훌륭한 지도자이다.

웃음은 관계 전략이다

　　관계를 맺고 싶다면 자신이 먼저 미소를 지으면 된다. 이런 특징을 두고 철학자들은 인간을 '호응적 존재'라고 파악했다. 부르면 대답하는 것이 인간의 본능이듯, 상대의 미소에 미소로 반응하는 것 또한 본능이라는 것이다. 내가 화내면 상대도 화내고, 내가 웃으면 상대도 웃게 된다는 뜻이다.

　이렇게 서로 마주보며 웃으면 마음이 열리고 열린 마음의 통로로 관계의 끈이 맺어진다. 그래서 서양 사람들은 아침 출근 때 소지품을 챙기면서 '웃음도 챙겼나요?'라고 묻는다. 이것은 개인들간의 친분관계를 형성하는 데만 해당하는 것이 아니다. 사람들을 만나서 관계를 맺고 그 관계를 잘 유지해야 하는 비즈니스를 시작할 때 가장 먼저 챙겨할 소지품 또한 바로 웃음과 유머다.

웃음은 혁신 전략이다

　　국문학자 K교수는 한국인들이 바로잡아야 할 몇 가지 문제 중에서 웃음에 대한 잘못된 인식을 들었다. 웃으면 가벼워 보인다거나, 남자답지 못하거나, 품위를 떨어뜨린다는 등 웃음에 대한 그

릇된 인식 때문에 한국인들의 표정이 무표정하다는 것이다. 그래서 한국인들은 열심히 일하고 성실하지만 재미없고 딱딱하다는 인식이 보편화되어 있다.

당신에 대한 사람들의 평가 중에서 가장 중요하게 봐야 할 점도 바로 이것이다. 사람들은 당신을 잘 웃고 긍정적인 사람으로 평가하고 있는가. 아니면 무표정하고 부정적인 사람으로 인식하고 있는가. 이것은 당신의 행복과 성공 가능성을 평가하는 데 가장 중요한 판단의 근거가 될 것이다.

지금까지 살면서 별로 웃지 않았다면 지금부터 웃으면서 사는 것은 혁신이다. 무표정한 얼굴로 비즈니스를 해왔던 사람이 얼굴에 웃음을 실으면 비즈니스 혁명이 일어난다. 표정 없는 가정에 웃음이 끼어들면 가정 혁신이 일어나고 심각한 정치판에 웃음이 끼어들면 정치 혁신이 가능해질 것이다

카알라일은 "웃음은 전 인류의 수수께끼를 풀어 주는 열쇠다"라고 말했다. 현대는 문제의 시대다. 세계문제, 국내 문제, 사업 문제, 가정 문제, 개인 문제까지 이 문제들을 풀 수 있는 인류 공통의 열쇠가 웃음인 것이다.

웃어라. 그러면 이 세상은 당신과 함께 웃을 것이다.

웃어라. 그러면 모든 사람들도 당신과 함께 웃을 것이다.

웃음은 현대를 사는 모든 사람들에게 최고로 쉽고 효율적인 혁신 전략이다.

웃음은 최고의 비즈니스 도구다

당나라 때 장안에서 약을 팔아 거부가 된 송청이란 사람의 성공 비결이 '구불약(九不藥)' 이라고 한다. 구불약은 약이 아니다. 아홉 가지 '불(不)' 의 증상을 말끔히 낫게 해 준다는 '웃음' 을 그렇게 말하는 것이다. 아홉 가지 불은 다음과 같다.

불신(不信) : 상대방이 내게 갖는 불신을 없앤다.

불안(不安) : 나와 타인의 불안을 잠재운다.

불앙(不怏) : 원망과 앙심을 없앤다.

불구(不勾) : 내 마음이 곧음을 드러낸다.

불치(不值) : 물건 값을 속이지 않음을 보여 준다.

불의(不倚) : 나에 대한 거리감을 없앤다.

불충(不衷) : 성의가 없다는 생각을 없앤다.

불경(不敬) : 공손하지 않다는 생각을 없앤다.

불규(不規) : 원칙을 어길지도 모른다는 의혹을 없앤다.

중국의 속담 중에 '웃지 않으려면 전을 펴지 말라' 는 말이 있다. 당신이 비즈니스를 하고 있거나 서비스업에 종사하고 있다면, 또는 전문 세일즈맨이라면 사업의 본질적인 요소로 빠뜨릴 수 없는 게 웃음이다. 즉, 웃음은 서비스 전략이고 세일즈의 시작이다. 본질이 빠져 있는 사업이 과연 잘될 수 있겠는가? 웃지 않고 가게 문을 열었다면, 당신이 하는 일이 무엇이든 다시 생각해 볼 것을 강력히 권

한다. 그렇지 않으면 당신의 사업은 언젠가 제대로 웃으면서 문을 여는 경쟁자에게 패배하게 될 것이 확실하기 때문이다.

그런데 이렇게 훌륭하고 중요한 비즈니스 도구인데도 사람들은 잘 웃지 않으려고 한다. 별로 웃지 않기 때문에 웃는 게 어렵다는 것이다. 그리고 웃을 일이 없어서 웃지 않는다고 한다. 웃을 일이 없어 웃지 않는 것은 누구나 할 수 있다. 그래서 웃는 게 혁신이고 비즈니스 전략이라는 것이다.

그렇다면 어떻게 웃어야 할까. 일단 억지로라도 웃어라. 세계적인 멘토라고 추앙 받는 틱낫한 스님은 거울을 보고 의식적으로 미소를 지어 보라고 권한다. 억지로라도 웃으면 마음이 따라온다고 한다. 얼굴이 웃음으로 가득하면 마음과 생각도 따라서 밝아지고 환해진다는 것이다.

이것은 과학적으로 증명되었다. 독일의 심리학자는 프리즈 스트렉은 실험에서 볼펜을 입에 물고 억지웃음을 짓게 한 그룹과 그렇지 않은 그룹을 나눠서 만화를 보게 했더니 전자가 후자보다 훨씬 재미있다고 평가했다는 연구 결과를 발표했다.

우리는 지금부터 웃는 연습을 해야 한다. 건강을 위해 은동을 하듯이, 얼굴 가득 환한 웃음을 지을 수 있도록 연습이 필요하다. 볼펜을 이로 가볍게 물고 입술이 볼펜에 닿지 않도록 하는 펜테크닉 웃음 연습법이 있다. 지금 당장 책상 위에 있는 볼펜을 들고 웃음을 연습해 보자.

칭찬은 관계를 유지시키는 최선의 비결이다

웃음이 관계를 맺는 비결이라면 칭찬은 좋은 관계를 유지시키는 최선의 비결이다.

우에니시 아키라는 『부자들의 나침반을 훔쳐라』라는 책에서 무일푼에서 억만장자가 된 어느 갑부의 입을 빌려 "칭찬과 금전운은 비례한다. 칭찬을 많이 하면 할수록 돈도 많이 들어온다. 사람은 칭찬을 많이 받으면 기분이 좋아지고 의욕이 생겨서 더욱 열심히 일하기 때문이다"고 말했다.

캐나다의 여류소설가 도로시 딕스는 한 지방신문 칼럼에 이런 내용의 글을 썼다. 칭찬의 말을 능란하게 할 수 있을 때까지는 결코 결혼해선 안 된다. 독신은 자유지만, 일단 결혼하고 나서는 상대를 칭찬하는 게 필수다. 이것은 자기의 안전을 위해서도 불가결한 일이다. 지나친 솔직은 금물이다. 당신은 안전을 위해 칭찬의 도구를 사용하고 있는가? 당신은 비즈니스를 위해 칭찬이란 자본을 투자하고 있는가? 비즈니스 현장에 칭찬 자본을 집중 투자하라.

가정 경영에 칭찬 도구를 적극 활용하라. 사실 칭찬이 가장 필요한 곳은 가정이다. 그리고 가장 등한시되고 있는 곳도 가정이다. 가정을 꾸리기 위해 시작할 때는, 즉 상대에게 구애할 때는 분명히 칭찬도구를 사용했을 것이다. 그러나 결혼 후 가정생활에서는 칭찬도구가 창고에 녹슨 채 방치되어 있을 가능성이 높다.

오늘 당장 이 도구를 마음 한구석 깊은 창고에서 꺼내 녹을 닦고 날을 갈아 다시 사용해 보자. 아내에게 찬사를 보낸 적이 언제적 일인가?

좋은 아내는 남편의 찬사로 만들어진다. 찬사는 아내를 더욱 여자답게 만든다. 남편에게 감탄하지 않은지 얼마나 되었는지 생각해 보라. 남자는 아내의 감탄 속에서 강해지고 남자다워진다. 남편을 남자답게 만드는 데는 감탄밖에 없다. 안에서 칭찬을 받은 남자는 밖에서도 활기차다. 자신감 넘치는 태도로 세상의 파도를 헤쳐 나간다.

고객은 자기를 인정해 주고, 칭찬해 주는 곳으로 들어간다. 인정과 칭찬에 감동 받은 고객의 지갑은 항상 열린 상태다. 누구든 자기를 인정해 주고 칭찬해 주는 사람들 곁으로 가려고 한다.

그들은 아무리 칭찬을 받아도 지겨워하지 않는다. 의심하지 않는다. 그저 즐거워할 뿐이다. 적극적인 칭찬이 필요하다. 상대를 가장 중요한 사람인 것처럼 대우하라. 가장 중요하게 대우 받은 사람은 당신에게 보답할 것이다.

칭찬의 힘

영국의 문호 서머셋 모옴은 75세 생일날, 지금까지 가장 기뻤던 일이 무엇이었냐는 질문을 받자 망설임 없이 이렇게 대답했다.

"2차대전 중에 태평양 작전에 참전한 한 병사로부터 온 편지를 받았을 때입니다."

그 병사의 편지 내용은 그의 작품을 읽으면서 단 한 번도 사전을 찾아보지 않았다는 감사의 편지였다. 인생의 연륜이 깊은 대문호도 자신에 대한 인정과 칭찬에 기뻐했던 것이다.

사회와 대중으로부터 아낌없는 찬사를 받고 있는 사람들도 또 칭찬 받으면 기뻐서 어쩔 줄 몰라 한다. 최고의 경영학자 톰 피터스는 '세상으로부터 지금까지 과분한 대우를 받았는데도 또 다시 누군가 칭찬을 하면 뛸 듯이 기쁘다' 고 말했다. 칭찬은 받아도 받아도 지겹지 않고 항상 새롭게 느껴진다는 것이다. 그러니 별로 내세울 것 없고 인정받을 것도 없다고 생각하는 보통사람들에게 칭찬은 얼마나 대단한 일이겠는가?

아이들은 칭찬에 더욱 민감하다. 매일 칭찬 받고 자란 아이들은 성적, 성격, 사회성 등에서 그렇지 않는 아이에 비해 50% 이상 월등하다고 한다. 샌프란시스코의 한 초등학교에서 370명의 학생을 대상으로 지능지수(IQ) 검사를 했다. 그리고 이 중에서 20%의 학생들을 무작위로 뽑아 그 명단을 담임교사에게 주면서 '괄목할 만한 성장을 할 아이' 라고 통보했다. 8개월이 지난 후, 20%의 명단에 오른 학생들이 다른 학생들보다 실제로 IQ가 높아지는 결과가 나타났다. 교사의 인정과 칭찬이 보이지 않게 큰 힘으로 작용한 것이다. 칭찬의 긍정적 효과를 설명하는 로젠탈 효과(Rosenthal Effect)는 하버드대학 심리학과 로버트 로젠탈 교수가 연구한 이론이다.

이 효과는 학생들이나 아이들뿐만 아니라 기업과 조직에서도 나타나고 있다. 칭찬을 받은 직원들이 그렇지 못한 직원들보다 두 배의 성과를 낸다는 것이다.

상대의 장점을 보는 눈을 가져야 한다

일본에서 경영의 신으로 추앙받는 마쓰시타 고노스케는 그의 자서전에서 이런 말을 했다.

"나는 배운 것도 적고, 특별한 재능도 없는 평범한 사람이다. 그런데 사람들은 내가 경영을 잘 한다거나 인재를 잘 활용한다고 생각한다. 내가 생각하기에 사실 나는 그렇게 생각하지 않지만, 그런 말을 들으면 한 가지 짚이는 점이 있다. 내 눈에는 모든 직원들이 나보다 위대한 사람으로 보인다는 것이다."

경영자가 직원들을 대할 때 자신보다 위대하게 보아주고 그렇게 대우해준다면 어느 직원들이 최선을 다하지 않겠는가? 위대하게 봐주면 거기에 보답하기 위해 그렇게 되려고 노력하는 것이 사람의 심리다. 사람을 현재의 모습대로 대해 주면, 그는 현재 모습 그대로 남는다. 사람을 앞으로 될 수 있고, 또 돼야 하는 모습으로 대해 주면 그들은 그런 사람으로 성장한다. 이것이 인간 성장의 법칙이다.

평강 공주와 바보 온달 이야기를 되새겨보라. 모두가 바보로 본 온달을 평강 공주는 남편감으로 보았다. 그리고 온달로 하여금 공주의 남편감이 될 수 있도록 훈련시켰다. 바보 온달이 온달 장군으로 성장한 것이다.

그렇다면 무턱대고 상대를 높이 평가하고 칭찬만 하면 되는 것일까? 자칫하면 그것은 입에 발린 말이나 아부가 될 수 있다. 칭찬은 상대가 가지고 있는 장점을 부각시키는 일이다. 단순히 상대가 듣기 좋으라고, 없는 것을 가지고 칭찬한다면 그것은 현혹에 불과하

다. 따라서 상대를 칭찬하기 위해선 먼저 상대의 장점을 찾아내야
한다.

프랑스 작가 마르셀 푸르스트는 "발견이란 신천지로의 여행이 아
니라 새로운 눈을 가지는 것이다"라고 말했다. 눈은 보배다. 큰 눈,
예쁜 눈, 시력이 좋은 눈보다 훨씬 값진 눈이 있다. 그것은 사람의
장점을 알아보는 눈이다. 장점을 보는 눈이 새로운 눈이다.

우리는 세상의 모든 것을 두 눈으로 본다. 그리고 마음의 눈으로
도 본다. 보이는 대로 해석하고 판단한다. 그래서 만들어지는 것이
관(觀)이다. 세상을 보는 관점이 세계관이고, 인생을 보는 관점이
인생관이며, 직장에 대한 것이 직장관이다. 자신의 관은 스스로의
해석에 따라 형성되고, 해석은 눈과 마음의 눈으로 보이는 것에 따
라 달라진다.

장점을 보면 좋게 해석되고, 좋게 해석하면 긍정적인 관점이 만들
어진다. 단점을 보면 나쁘게 해석되고, 나쁘게 해석하면 부정적인
관점이 만들어진다. 그리고 이렇게 만들어진 관점들은 시간이 지나
면서 점점 굳어져 쉽게 바뀌지 않는다.

대부분의 사람들은 장점과 단점을 같이 가지고 있다. 누구든 장
점을 봐주고, 장점을 칭찬해 주면, 장점이 많은 인간으로 성장한다.
그러나 단점만 찾아서 단점을 지적하고 단점을 고치라고 요구하면
그는 그 단점을 고치려 하기보다는 방어하기에 급급해진다. 그리고
그는 방어 전략으로 당신의 단점을 찾아내고, 당신의 단점을 떠벌
리면서 공세를 취할 것이다.

당신이 누군가와 친해지고 싶다면 상대의 장점을 보라.

세상을 당신 편으로 만들고 싶다면 세상의 장점을 찾아내라.

직장에서 성공하고 싶다면 일과 동료들의 장점에 초점을 맞춰라. 출근이 즐거워지고 일하는 것에 신이 날 것이다.

인정받는 남편, 사랑받는 아내가 되고 싶다면 아내와 남편의 장점을 자주 말해 주자. 카사노바 부럽지 않은 사랑의 기술자가 될 것이다.

아이가 당신이 원하는 대로 커 주길 바라는가. 그렇다면 아이의 장점을 발견한 뒤 항상 칭찬하고 키워 줘라. 그러면 당신의 기대 이상으로 놀랍게 성장할 것이다.

장점을 발견하면 바로 그곳에서 기적이 일어난다. 혹시 장점이 보이지 않는다고 하소연하는 사람이 있는가? 그것은 상대에게 장점이 없는 것이 아니라, 장점을 보는 자신의 눈이 소경이 된 것인지도 모른다. 먼저 자신의 눈을 고치고 나서 세상을 보고, 사람을 보라.

장점 찾기 연습(대상 당 10가지 이상)

대상(사람, 일...)	장　　점

건강을 위해선 꼭 필요한 영양 성분을 골고루 섭취해야 한다. 탄수화물, 단백질, 지방, 무기염류, 비타민으로 구성된 5대 영양소 중에서 하나라도 결핍되거나 부족하면 건강을 잃을 뿐 아니라 질병에 걸릴 수 있다. 좋은 음식을 아무리 많이 먹어도 이 5가지가 부족하면 소용없다는 것이다.

이렇듯 인간의 마음에도 꼭 필요한 영양소가 있다. 이 책에 소개한 태도의 경쟁력과 창의력, 절제력, 표현력, 도전력, 회복력, 학습력, 실행력, 친화력은 우리의 마음과 생각에 꼭 필요한 9가지 지렛대를 위한 영양소다. 몸의 건강을 위해 5대 영양소를 골고루 섭취해야 하듯, 건강하고 긍정적인 마음과 생각을 가지기 위해선 9가지 영양소가 골고루 갖춰져야 한다. 자신을 관리하고, 능력을 계발하고, 원하는 것을 추진해서 결실을 이루기 위해 꼭 필요한 9대 영양소다. 그래야 자신이 원하는 행복한 인생과 행복한 성공을 이룰 수 있다. 그런데 만약 하나라도 부족하면 어떻게 될까?

예를 들어 창의력은 뛰어난데 실행력이 부족하다면 생각으로 그칠 위험이 높다. 도전력은 높지만 학습력이 떨어지면 부지런히 움직이는 데 비해 얻는 결과가 미약할 수 있다. 또한 경쟁력은 있지만 친화력이 부족하면 다른 사람의 도움을 이끌어 내기가 힘들기 때문에 독불장군으로 비칠 위험이 있다. 밥 한 끼를 먹기 위해선 밥과 국과 반찬이 있어야 하듯 하나의 일을 추진하는데도 여러 가지 능력이 필요하다. 밥을 먹고 작은 일을 추진하는 데도 이런데 하물며 인생을 살아가는 데 한두 가지 요소만으로 충분하겠는가.

9가지 능력을 얼마나 골고루 균형 있게 갖추느냐에 따라 인생의 행복지수가 달라진다. 자신이 좋아하는 일을 경쟁 무기로 삼아 열심히 학습하고, 창의력을 발휘하며, 실행하다 보면 언젠가 좋은 기회를 만나게 된다. 그리고 자신의 생각을 잘 표현할 줄 알면 주위에 당신을 도와줄 많은 사람이 나타날 것이다. 때로는 힘들거나 게으르고 싶을 때 인내심과 절제력이 당신을 계속 전진하게 해줄 것이다. 설령 실패하더라도 당신 마음속에 살아 있는 회복력이 다시 일어서게 해줄 것이다.

이렇게 이 9가지의 마음 영양소는 각자 따로 존재하는 것이 아니다. 서로에게 영향을 줘서 상승 작용을 일으킨다. 그러므로 하나의 영양소를 키우기 위해 따로 노력한다고 해서 되는 일이 아니다. 그렇다고 9가지를 함께 키우는 것도 불가능하다.

방법은 당신이 긍정적인 쪽으로 방향을 정하는 것이다. 좋아하는 일을 찾아서 하다 보면 이 9가지 영양소가 각자 영향력을 발휘하며 다른 영양소에게 영향을 준다. 어떤 영양소에서 시작될지는 각자의 성향에 달려 있지만, 계속 노력하고 추구하다보면 다른 영양소들도 함께 발전하게 된다.

문제는 당신이 정하는 방향에 달려 있다. 부정적인 방향으로 정하면 9가지 요소는 각자의 부정적인 영향력을 발휘해서 악순환 구조를 만들어 부정적인 결과를 가져다줄 것이다. 긍정적인 방향으로 정하면 긍정적인 쪽으로 발달해서 선순환 구조를 만들어 좋은 결과를 가져다준다. 당신은 무엇을 선택하겠는가?

책에서도 썼듯이, 가장 나쁜 것은 아무것도 하지 않는 것이다. 엄밀히 말하자면 하지 않는 것이 아니라 부정적이고 소극적인 태도가 나쁜 쪽을 선택했다고 볼 수 있다. 자신이 원하는 목표를 100% 이루지 못할 수도 있다.

하지만 목표를 이루기 위해 열심히 전진하다 보면 일정 정도의 성과를 거둘 수 있다. 100%를 얻지 못하기 때문에 아무것도 하지 않는 사람은 조금도 나아지지 않는다. 그렇게 완벽한 것만을 꿈꾸는 사람은 허풍쟁이나 몽상가일 뿐이다. 우리의 소중한 인생을 몽상이나 하면서 보낼 수는 없지 않은가.

일단 첫발을 내디디고 도전해 보자. 실패에 대한 두려움보다는 창의적인 생각을 가지고 실행하다 보면 어느 순간 당신이 원하는 진짜 행복을 찾게 될 것이다.

하는 일마다 잘 되는 사람의 이유를 아는가?

Nine Lever
나인 레버

1판 1쇄 인쇄 | 2011년 06월 30일
1판 1쇄 발행 | 2011년 07월 11일

지은이 | 조영근
발행인 | 이용길
발행처 | MOABOOKS 모아북스

관리 | 정 윤
디자인 | 이룸

출판등록번호 | 제 10-1857호
등록일자 | 1999. 11. 15
등록된 곳 | 경기도 고양시 일산구 백석동 1332-1 레이크하임 404호
대표 전화 | 0505-627-9784
팩스 | 031-902-5236
홈페이지 | http://www.moabooks.com
이메일 | moabooks@hanmail.net
ISBN | 978-89-90539-96-0   03320

MOABOOKS 모아북스는 독자 여러분의 다양한 원고를 기다리고 있습니다.
(보내실 곳 : moabooks@hanmail.net)